順渠先生文録

[明] 王道 著

日本尊經閣叢刊本

下

江蘇大學出版社
JIANGSU UNIVERSITY PRESS
鎮江

順渠先生文録總目

卷之六

書

答李政夫內翰　答馬谿田

答華圭章　與錢世材

マ

看林學正講餘答問復書

論朱陸之學　大意尊朱斥陸

謂朱子中庸尊德性等註云云

謂陽明答羅太宰之書云云

謂朱子及門之徒云云

謂孟子没至周程未出之先云云

謂陽明不取朱子云云

或問何謂道學曰天下之達道五云云
論大學問謂親民乃所以明德云云
論陽明格物即正心之説
問陽明知行合一之説何如云云
謂陽明修身是已發邊云云
謂此心純天理貫内外而無不在也云云
謂陽明謂秦始皇焚書有合于删述云云
問陽明謂念念要存天理即是立志云云
謂陽明説盡心知性章非是
謂陽明人心道心之説云云

論陽明謂先儒欲事事物物上云云

謂陽明疑程子在物爲理之言非是

謂陽明惟一是惟精主意

謂陽明以金喻聖非是

謂陽明論顔子没而聖學亡非是

謂陽明論仙釋二氏之學云云

論陽明謂修道何須要聖人品節非是

謂陽明論心即理理即性非是

謂陽明知識長進須從本原上用力云云

謂陽明格物致知云云

問陽明謂有孝親之心即有孝之理云云
論天曰天道云云
問陽明謂溫凊之事奉養之事云云
謂陽明以無善無惡爲理之靜云云
謂陽明行了乃知知在行後之說非是
謂陽明論文公早年云云
謂陽明論格物者格其心之物也云云
謂陽明論知孝知弟云云
論陽明謂曾子未知用工之要云云
論程篁墩道一編倡陽明抑朱尊陸之害

文錄卷六總目終

順渠先生文録卷之六

書

奉陽明先生

三數年鞠在哀制不敢以凶素姓名通於記室徒有向往之勤與日俱積而已歲内起復北來習聞執事建義之高成功之大深為吾道喜久之又習聞煩言嘖嘖始於群小之争功而成於士夫之妬名争者不足道矣妬者獨不為人國家計何耶又未嘗不深為世道憂也雖然執事必有以處此矣魯仲連張子房竊斯道之粃糠猶足以善其身而名後世况見其大者哉角巾東歸曰

不言乎吳之事他日邪説熄人心正公議明則今之相憎相嫉者適所以相為發明也可賀可賀道遠師門學殖荒落此中朋友同志者絶少獨賴守忠相與切磨今又别去愈覺孤立便中惟冀不吝誨言時賜提警則為惠大矣餘惟若時為道自重不備

答朱守中侍御

歲首聞有出按山東之命竊為鄉邦甚喜前月知由德州上任相去百里恨不及一會爾後又以臺察深嚴難於啓候徒切瞻系使來辱手教存問深感道義之愛賤體自去冬少徤而病原未退前月不幸又有哭子之

悲憂悽悒悒寔難堪處尊兄聞之當為一惻然也柰何
柰何敝省民俗凋瘵士習卑鄙所當整頓莫急於此語
曰心誠求之不中不遠矣諒尊兄自有定見固不俟於
僕之喋喋也承喻陽明先生致知之說大畧與孟子察
識擴充四端之意相似而寔不同蓋孟子見得道理平
實廣大如論愛牛便到制民常產論好色好貨好勇便
到古公公劉文武之事句句都是事實所以氣象寬裕
意味深長陽明先生所見固存省之一法然便欲執此
以蓋為學士夫大易所謂學聚問辨中庸所謂學問
思辨論語所謂博文約禮所謂好古敏求所謂學詩學

禮諸如此類一切棄卻而曰為學之道專求之心而已是幾於乾一而發百矣伏羲是上古第一箇聖人其時無文字可觀而伏羲所見似亦不待求助於外者然其欲畫卦也不宜取諸其心亦必仰觀俯察近取遠取是費多少氣力今人為學乃曰求定於吾心而已是伏羲之所不能為仲尼之所不敢道也而可望於今世之人人哉然此豈擬其工夫之難易而已若論道之本體則天大無外心大亦無外天地之用皆我之用渾然一理何所分別吾心體會盡天下之理亦只是全復吾心之所固有而已故曰盡其心者知其性也知性則知天矣

知性知天大小大事都只在盡心焉得之則心體之大可想而知矣今乃欲以方寸之微念慮之動局而言之不幾於不知心乎不知心而能盡心不盡心而能知性不知性而能知天不知天而曰聖人之學吾皆未之信也近日黃宗賢見過所述大率與來教相似僕亦稍出愚見相與訂正恨端緒未竟方欲作書申論未能也適承吾兄示及因附請教但有未合無惜批示吾輩為學只求一箇是而已勿吝鐫諭來便行急病筆草此不暇詮次其語率以意求之爲萬承夏盡許侍教面談更妙未間惟為斯道自重不悉

答魏莊渠

貴邑顧生來承八月十日手教且審侍下清吉深慰渴私道數年來意思齷齪進脩怠廢無可以請教者來喻云云不勝愧惕義理端緒暨工夫節次昔嘗奉教于諸君子矣後來所見大致不殊第欲稍就平實而未能也困思之人之為學必平實然後廣大天下之至平實者莫如地故至廣大者亦莫如地泰山高矣畢竟為地所載而泰山之外更不屬泰山也鄙見如此未知是否惟教裁之幸甚卜居江南甚便於親賢避地之計誠不能一日忘者但墳墓骨肉所在不忍輕離而勢又不能俱

行未知終得如所願否朱子曰我行二千里訪子南山陰他年倘得講此故事則亦幸矣尊甫老先生前別具奉候幸爲叱亡令器學業何如二大子近始就傳長者頗淳謹與之語亦畧解苟不失教或可望也會晤未涯惟教言是需不宣

又

卧病京邸忽覩盛价拜承教翰慰甚慰甚乞休之舉愚意未安僉諧胡靜菴先生亦以爲然盛价聽渠處分寢而不上第未知尊意何如語曰爲人謀而不忠乎道量於執事豈有道義骨肉之雅於此不忠無所用其忠矣

事之委曲胡公書中必盡言之大率外官服闋例當赴
部聽用就中只自高卧不起便屬潜退於義已安無故
上疏却似多事鄙見如此惟高明裁之某昔在留都少
不更事雖頼吾兄及敬夫諸賢相與夾持而虚驕病甚
終是按伏不下别後不幸重罹中艱困窮拂亂内外交
侵而吾所以應之者舉失其宜久之更嘗差多觀省加
細始有惕然悔悟前非之意然後深信孟子困心衡慮
之言為有味也所以昔年每承吾兄貽書見教或規其
傲或規其忽某一切直下承當不敢有一毫吝惜掩飾
之意盖實見得如此非有所強也後此數年為困益甚

而所見亦稍親切矣所以庚辰之秋奉答書曰人之爲學必平實然後廣大天下之至平實者莫如地故至廣大者亦莫如地太山高矣畢竟爲地所載而泰山之外更不屬泰山也此蓋數年所得舉似請教後竟不蒙批示不知果契尊意否也今歲之首黎生持書枉教詢及吾兄廣中事因述鄙見云云大意謂愛憎取舍至公無私方謂之直直乃聖人報怨之道以之施於泛常已爲無情何者公而以人體之爲仁非便以公爲仁也若加之故舊朋友則太薄矣語曰四海之内皆兄弟也甘泉先生於吾兄爲同年同志之交而吾兄少甘泉者幾廿

歲則謂甘泉者吾兄之兄非歟甘泉每書見教必及吾兄或述所得必曰不知吾契在南都與予才兄所講者何如觀此則甘泉之於兄其分義厚薄何如也廣中之事傳聞不一要必有一二近似者吾兄不已直予語曰忠告而善道之又曰隱惡而揚善又曰親者無失其為親也故者無失其為故也又曰故舊無大故則不棄也此仁也原壤登木之歌孔子若弗聞也者而過之不忍聞也聞且不忍而忍攻之哉此聖人之仁也吾兄在廣拳拳以體仁之說風示後進獨不念此何耶道師事甘泉而辱吾兄交義甚厚所望二公同德比義交進此道

以提警不逮而乃自相矛盾如此此道之所以大懼也
每欲脩書奉諫又恐辭不逮意反成罪過坐是中止偶
會蔡君面盡此意托之轉達比承來喻謂萬里還書未
道所得而泉事詳焉讀之不勝愧汗蓋離群索居十年
所得僅止於此下愚之資不可語上宜其數爲有道者
之所鄙斥也惶恐惶恐來喻曰頗窺測天意又曰益驗
知天意此高明獨得之見所以示道者深矣愚則竊疑
窺測天意何如窺測物理驗知天意何如驗知人情蓋
天理平鋪於人情物理之間舜之所以爲聖不過明於
庶物察於人倫而已所貴乎學問之功正要在日用應

酬人物處觀其會通動中肯綮如庖丁解牛洞無凝滯然後爲得必有扞格齟齬即是學未至便當反已研求務要推勘到底使在我者無毫髮之不盡而後委外之通塞於所遇焉此吾夫子之所以不怨天不尤人下學而上達也知到此地方是知天行到此地方是體天學到此地方是天人合一之學故曰知我者其天乎天何言哉舍是而曰天云天云者皆虛談也易曰地勢坤君子以厚德載物又曰夫易聖人所以極深而研幾也惟深也故能通天下之志惟幾也故能成天下之務於戲非通天下之志不可以言深非載天下之物不可以言厚

非深非厚不可以言幾是則欲通天下之志載天下之
物成天下之務在極深研幾而已欲極深研幾在人倫
物理上做工夫而已何其平實也耶老者安之朋友信之
少者懷之此聖人厚德載物氣象可謂至廣大矣然實
自極深研幾乎實工夫中來不可誣也道故曰惟平實
然後廣大天下之至平實者莫如地故至廣大者亦莫
如地也嘅昔黎首受益弘多暌遠十年無以為報一得
之愚三獻請教未蒙見納而野人之芹拳拳不已執事
非可以充其忠而原其瀆矣 罪 罪道卧家六年貧
困蓋甚於春仲爲伯循以書見招黽勉一出旅食二月而

疾後作行返班生廬矣不悉不悉

又

某來拜承手教恭南歸曾附啓候達否此中事日新月盛不能殫述不尚昧於時義遯尾生厲需泥致寇莊不知鋭駕之所執事何以教之悖夫已上乞骸之請行且善其去矣朋遊星散更覺落寞奈何奈何不肖患難中不敢廢學向來請教止至善之義近以更涉世変入細研磨愈見精瑩蓋此乃聖學欛柄得此入手更有何事用之則行舍之則藏大行不加窮居不損直於我何與焉若不見得纔使勉慕把捉十分做得是當終屬意氣其

分於道也遠矣以此進為撫世亦只行其所無事而已
去智與故循天之理不須安排不須勞攘何樂如之手
忙脚亂畢竟壞事所謂庸人擾之也後世英君碩輔不
為不多愚竊取漢文帝張留侯曹相國動而不括出而有
獲皆成器而動者也次則李鄴侯陳希夷邵康節濂溪
明道亦此其選外是豈無賢哲其所建立豈不可傳諸
來世但欠此一欛柄作用處未免稍犯手耳然止至善在
於致知致知在於格物格物者克己也最為難事故曰
先難而後獲其要在惟精惟一而已精則一矣精一則
執中矣中立而和出中和致而位育成內聖外王之道

畢矣何知何如執事進學甚力任道甚勇比來靜處獨
觀昭曠之原其所以探古始而握道樞者必益詣其極
矣鄙劣之見不知有相契處否幸推教萬萬令郎氣質
英敏可以遠到但微覺有速成之意更望以純龐惇固
温恭自虛之教養之尤予鄙與賢郎相交與之語亦能
領解但不肯直下承當常常有力不足也之病雖每每激
厲未見奮發豈此道亦須有福分者方許承受雖父亦
不能強諸其子耶可念可念通家義漫及之不宣

又

秋間令姪見過及羅主簿家人回連得三書乃知賢子

賢孫相繼夭逝通家之誼無任傷悼道遠訃遲不及早
書奉吊罪罪仁者必有後近日楓山老先生年開八袠
猶延其嗣況吾兄乎幸寬心體道以待天定也承諭百
念俱忘恍若見性至矣而又有聖賢佛老之辨又慮原
忠為達磨所壓云云 似與往年秩吾之夢不甚相契何
耶陶弘景一變而為孫思邈小大方員之論既為儒碩
所取重矣而當時稱之者以為高談正一古之蒙莊深
入不二今之摩詰此其心寧復有差別相也耶如此輩
人始可與言見性之學矣世俗小言詹詹皆屬分別前
塵影事性之所本無也吾兄以吾言為不然則斯世無

可與言者矣信乎萬世之下有能通其解者猶旦暮遇之也千里通書言不盡意引領婁門遡風增慨不悉

又

此承胡可泉轉手教知道獲佳勝無煩遠念但不知嗣續何如耳通家契誼休戚相關此深所欲聞也道中歲後頗好讀老子書遇會心處輒附數語於其簡端止記遺忘非敢為註脚也積久厭其繁複因別録之然意義未精詮次未定兼此書數千年間學者皆斥以為異端而愚見若不然者乃是翻倒古人公案干繫不細以此未嘗與人談及也况敢出其書以示人乎吾兄何從而知之

哉既承見素當以請教但上卷雖已脫稿尚欲裁定其
下卷則未脫稿也且冬寒艱於謄録俟明年早晚成書
當顓寄上兄所著六書精藴若完亦希推示以當面講
論君采鮮老甚好蓋自來未有如此發明者也幸無漫
觀以廣取善之度何如何如餘不盡

又

久不奉教殊切傾渴所寓東郭書及六書精藴皆未拜
領想隨渠而南矣便中希再示幸幸道德大學語意傷
明未免有先儒或問氣象近亦自覺之矣幸爲謝伯載
也承示指歸仰見吾兄近來造詣精與敬服敬服但明

德至善格物致知乃聖學本原須於此處看得直截分明方可安身立命惜無由面論也老子億倉卒不能録奉求正容俟後便尊候比來順養何如此甚欲知也餘不宣

奉耳泉先生

二數年來南北周旋皆得瞻依杖屨亦云幸矣而病藥纏綿竟未能朝夕請益幾於不學而居夫子之門者今又忽爾睽違豈非命耶悵嘆悵嘆瀕行承以新泉問辯録示教舟中無事一一披閱開發良多感謝感謝但竊覩諸賢所問詳於終食造次顛沛之功而略於富貴貧

賊取舍之辯諄於學問求放心之說而忘乎宮室妻妾
失其本心之原似與孔孟之旨若有不相似者吾師竟
不以一言發之何耶豈亦隨問而答俟其觸類自悟耶
抑別有說耶道竊嘗妄謂孔子之許顏子惟在於用舍
行藏安於所遇孟子之學孔子亦惟在於仕止久速各
得其宜此為仁之妙亦體認天理之要也聖賢得力處
在此學者著力處亦當在此白沙老先生曰名節者道
之藩籬藩籬不守其中未必有存者愚以為此自名節
言也若自道而言則明日遂行接淅而行不稅冕而行
皆道也恐無藩籬內外之可言矣鄙見如此不知與錄

中諸賢所見同否幸惟俯賜一言以印可之庶不迷於所向也萬萬道仰承尊庇幸抵弊廬追念前愆敢附此以請冗病不次伏祈矜亮不宣

獻納編前已受讀吾師之意蓋欲以此牖天下之人使知吾道之在今日其行否何如吾身之在今日其進退當何如也其所以開示後學已太明白矣或者不知乃以近名疑之陋哉

答王汝陳兵憲

千里相望無由問訊遠遡高風徒切傾注而已仰間忽拜教存如遂良覿感謝萬萬恭詢起居佳勝德政宣流

深愆私祝仕止久速各有時義故曰君子亦仁而已矣
何必同執事方得時行志繇用有期陳圖南所謂笙歌
鼎沸賴子滅火也灌園高興告且已之急流勇退聊放
錢若水一人可也何如何如一笑一笑承示奏章具見
經國遠猷孔及時忠懇之盛所引張尋事尤中時弊況閩
六鎮兵將皆已解體則生心者恐不獨一茹六堅已也
執事已見預待之策使得遂諸廟堂採而行之其為裨
益甚當不細惜不能耳奈何奈何但事會有幾語默有
時記曰事君遠而諫則諂也近而不諫則貪利也執事
回翔數四欲上復止其為此乎況今日事又有大且急

於此者不知亦嘗隱之於心否也嫠婦之憂非面

未間惟若時珍衛以需柄用餘不宣

與陸伯載

奉違久矣向來士友時問動定以慰懸企第未及脩書

請教耳渴仰渴仰道病餘溫習大學向者所見以備遺

忘非敢欵以示人也不意誤塵清覽愧愧子才書來略

述規誨至意無任佩感恨不得聞其詳也便間無靳推

教幸幸聖學之妙在止至善而止至善之要全在格物

此處見得直截分明方可着力將來方有安身立命去

處否則古說今說或異或同通謂之支離纏障去道遠

矣愚劣所見實從辛苦中悟得蓋精神之極鬼神通之
不敢自誣也語意雖欠涵蓄然欵抉摘俗學剖露道真
不得不爾孟子所謂不直則道不見也吾兄倘不以人
廢言而又不以辭害意虛心求愚意之所歸當必有默
契者矣子才學成德尊世所宗仰然不知邇來於頹乎其
順渾然大同處比之古人何如也相覯而善於高明尚
有賴焉不盡不盡

答邵端峯

不奉教言倏又一年矣有懷縷縷何時傾寫伏白軒從
辱臨東省民瘼士風欣然屬望累欵奉書請教而冗病

相仍未能也迺辱盛德曲垂下問愧罪愧罪源甫兄在
此頗不安欲去又未得自遂柰何周用賓一至即掛吏
議更可念也吾人不能脫然於世網之外所至皆爾豈
其於仕止之義猶有所未審耶幸尊兄有以教之也地方
事有常情所不能知常法所不能行者仰惟超然遠覽
動之以禮感之以誠要使歸于安妥無損大體無開他
釁斯亦已矣詩詠棠棣傳篤懿親古之人有焚渠獄辭
空手見上者乃更以長者稱此義在通經學古之士宜
不難曉而近日諸君子乃爭以文法相勝小之為孫荊
大之為郡巡撫傷　朝廷敦叙之仁變宗室安靜之義

覊守臣撫馭之體長諸藩驕悍之風兼此數失　國家何賴焉不識執事者亦嘗念及此否也屬有所聞因書敢以附白可否惟尊裁之萬萬餘不宣

答應南洲

己亥之秋曾具短啓托久老轉上請教幸徹視司矣甲辰春領到手翰并凉枕之惠乃應朝官所寄來者奉讀發挹如覩顔範欣慰何如欣慰何如第云前此曾賜報章則已發洪橋矣道不肖承吾兄不鄙提携教誨道義之情不啻骨肉不意暮年遂爾睽隔每一念之無任慨嘆柰何柰何承喻以晁呂家學淵源且謂釋老二氏與

聖人同體皆十成精金但一則鑄為九鼎一則派為泉布其用少異此高明獨得無所回襲之言也不肖年來寔竊見此意每恨無所與同不圖上符尊意乃爾得此印證益切自信幸甚幸甚抱病索居深愧孤陋有少述作皆未脫稿已刻二種附上請益脫來所得盡在此書有不可者無惜批示寄下萬萬

與呂大尹潛

道朽鈍陳人也枯卧窮廬無由從當世賢人君子周旋以求麗益顧乃過蒙大雅遠垂書問若以為可與語者然而僕非其人也捧讀再三無任慚悚安定門人稽古

愛民優於從政先賢盖亟稱之執事從莊渠遊而筮仕之始施設注措已異於人如此非篤信而力行者不能也忠以行之無倦以居之他日名實加于上下稱於人曰此莊渠之門人也則吾道益有光矣歆羨歆羨君子治人如醫之用藥必伏其所主而先其所因始同終異可使氣和此從治之法也此方風俗椎魯素未知學驟而語之恐不能入不若躬行以倡因俗而導久當自孚也承下問敢盡其愚如此幸高明裁之會莊渠書希呈爲轉致餘不盡

答李政夫内翰

不肖枯卧窮廬因病成懶久缺記曹之敬使在恒情當
賜弃絶久矣而吾方泉故舊誼深記存彌篤兩歲之間
三書垂問次齋兵憲來又過體尊意眷拂甚至此其爲感
當何如耶久欲破例申謝顧索居之便裹以私門不幸
近罹悼内之戚況味甚惡坐是稽緩裁候伏惟汪度通
賜涵貸萬萬厚累教云云仰認提奬至意無任愧感第
不肖病廢支離實不能出從群賢以效寸進審矣尊兄
肯心信之否耶昔文立不薦程瓊知其年衰性退無復
當世之望也瓊既善其不寘而晋史又特書之以爲美
談近世章楓山既已得謝人復有議起之者蔡虚齋

徧不謂然以為先生决無意出其間此言非但不入其心亦不欲納諸耳矣古今人其相知以心而相成以道也每每如此道於前脩不足為役至其篤於知己能成人之美如方泉者則不在廣休介夫下也萬惟以心相管或見當路有及賤姓名者委曲道其真病決不能出之實毋令別致譸張使得偷安畝畝則拜方泉之賜也輕九愚矣至囑至囑李中麓選部存厚處此不敢通問倘會及尤乞以愚意懇告之幸幸王徵麓過會話久方別時夜漏下已三鼓矣燈下提筆草此附聞伏惟鑒亮賤息幼康屢屢敎愛前歲借許又辱盛欵歸來備述

感念曷極兹者儼在憂服不敢勒狀他時容令顓上也

不宣

答馬谿田

久違道範恒切傾注夢寐追尋魂亦憶戊巳之間鄉友魏通判西行曾附起居之問幸達記室第未領回教每用耿耿前歲答侍御見過備聞動定少慰離索三數年來海內交遊零落殆盡歸然靈光為世瞻仰者執事一人而已每譚曾子植與吕季重書未嘗不慨焉興懷也十餘年中喪女喪妻喪孫哭聲未絕而又延禍所生先繼母于太宜人於去年十一月間奄忽傾背哀疚纏

綿衰耗日甚精神齒髮頹然一老人矣緬懷昔遊何可言也近聞吾丈榮膺簡命起復南宮道路頗便而竟未及此耑奉候者正坐憂病廢格故耳仰問周主政轉致手教徒章綺絡帶盥手拜讀如覿顔面翌然之感匪直空谷足音已也萬謝萬謝世務方殷人望久鬱夫召我者而豈徒哉安得促席說彼平生也渴想渴想

答華主事

首夏辱停撓左顧獲聆清論無任欣慰蓋空谷足音有不足喻者矣日者仙舟南邁以病不能出會敬顒賤息代候伏惟心亮幸幸仰戀間承惠手教鐫喻諄切捧讀

惶汗盖不肖朽鈍陳人也少惰問學老益無聞其何以當大君子期與之至也式顧老馬之知賢者不遺狂夫之言聖人猶擇執事既不鄙我而賜之教矣繼自今尚當竭其愚以請益於左右也幸甚幸甚承喻近時講學之弊深中肯綮然匪徒今日為然宋儒已啓其端矣難言難言知得病便是藥吾執事之所以自致者即此可占而知也敬服敬服不肖少也亦嘗與諸公遊始而同聲相和既而隨衆辨析既而思之同固不是辨亦起爭遂置不復論不知由賢者觀之以余為何如也惟教之幸幸老子古大聖人吾孔子之所嚴事者也自漢儒分

別流品岐道異儒而二之後人承訛習舛一切指為異
端深可痛惜愚不敏平生精力多在於此其得力處亦
多在此説華偷靡心一覽當或有可取也此説甚長非
面莫究屬有暈疾並此先翁尊意餘留嗣札謹啓

與錢世村

去歲承錢升枉存沃情洽無任慰况別後許聞音耗
久之乃知榮補畿輔善郡地僻民淳正符夙意且與軒
邑相去伊邇德下之政行將洋溢鄰壤尚當以自慰
也可賀可賀余不肖朽廢陳人宦情灰冷執事知之久矣
比者謬膺收嘘復塵 朝命自顧庸虛不堪縣繁大為

辭避而罪逆致罰家茲見背哀疚之餘幸存視息即日
閒處窮室時時温繹舊聞過會心處亟與昏者共之而
不可得未嘗不一與懷也大抵仁也者人也當官處事
當使藹然慈仁之意常流行乎其間到不得已處亭底
法以中恩無寧依法以侵削寧舍己而從人無寧拂人
以從己庶幾所謂公而以人體之謂之仁矣不知吾契
兄於此意見得親切否賤息近與武邑李大行締姻回
便附此致意伏惟照亮此外會晤未期惟若時珍衛以
需納用不悉

又

辱吾契相與將二紀於茲矣每見益親而執禮益恭求道益切向上之志日益篤至此在古人固已難之而況於今乎顧惟不肖白首無聞無以副吾契虛心下問之勤是則深可愧也臨岐繾綣至不忍舍悵念何如悵念何如昔人謂知得病便是藥吾契高處如前所云無容訾議矣其稍欠者寬裕和平之量蓋已自知之矣自今以始涵養擴充務要默體天地聖人氣象識得則灑然與物皆春仕止隱顯無所不宜何樂如之中間有分殊處自不妨其並行而不悖也體察體察僕托庇已達鄞廬料理旬日方可北上賤息已先行矣吾契謝病疏未聞

消息倘遂所請固不必言否則且在仕途磨礪尤妙諺云人鈍人上磨是也何如何如送吏回便附此申謝冗不妄及惟心亮萬萬

看林學正講餘答問後書林名國輔福之莆田人仕南監官留心于學講餘答問者其所著書以辨陽明先生傳習録者

承示講餘答問考究甚詳辨難甚力衛道之意嚴矣使今之師儒皆能如此其有補于士習非細也敬服敬服但中間意思稍偏主張太過無以平異見者之心而適足以起爭端處尚多有之前已面白又以余見各附數語於逐條之次如有未契無惜詳論也大抵意必固我

之心未忘而遽欲立論以定天下之是非未免墮于偏蔽之病古人且然而况吾輩乎楊子雲曰群言殽亂折諸聖程子曰心通乎道然後能辨是非如持權衡以較輕重孟子所謂知言是也今人學問不求通乎聖人之道而徒欲折中後世殽亂之言亦難矣竊嘗謂宋儒學術未必盡同于孔門而南渡諸儒又未必盡同于濂洛或失則支或失則誕互相是非各有長短律以聖人之大道聖門之實學皆有可言者矣世儒識趣淺近不能深究古始截自南宋以爲依歸故附甲則判乙主此則奴彼爭較是非有如蠻觸譬之兩人訟於堂下爲之證

佐者陰有所主黨同伐異議論紛紜下無以息爭者之
口上無以聳聽者之明徒增一番喧豗而已此近世之
通患甚可嘆也余意以爲吾儕苟真有求道之志莫若
於此等意見姑且放下直取六經語孟及濂洛以前諸
先覺之書熟講而力行之優柔饜飫如杜元凱之所云
者俟到渙然冰釋怡然理順田地則諸儒之同異得失
當洞然於心目之間而吾取舍之極亦必有一定而不
可易者是則所謂折衷之權衡也比之今日附人語言
爲人證佐者其意味氣象當有萬萬不侔矣此未易言亦
非言所能盡姑述大致以答下問之勤原稿率還不悉

論朱陸之學　大意尊朱斥陸

朱陸之辨乃數百年未了一公案由無堂上之人以訂其是非故也陽明之徒尊陸斥朱既失之過激矣而此論尊朱斥陸正復相當亦何以服其心耶不若兩置之而先從事於古人之學如韓退之所謂非聖人之志不敢存非三兩漢之書不敢讀者久之或有所得然後取二家之言徐而觀之則其長短得失當瞭然在目取其長且得者以自益而悉置其餘不惟不暇辨抑亦不必辨矣釋此不務而終日呶呶為古人争閑氣若厮罵者然恐無益也此說甚長容面盡

謂朱子中庸尊德性等註為朱子尊德性工

夫

諸凡此類只是解釋經訓還屬問學上事不可便指為文公尊德性之實如顏子默識如愚而從事於克復之訓直做到不遷不貳地位方是眞德性上工夫也學者要須識得

謂陽明荅羅太宰之書皆然以朱子為楊墨之類而身任闢邪救正之責

所述陽明前後書余皆未見恐不應乖剌至此極也

謂朱子及門之徒淵源所漸隨其資分有所

成不可勝計私淑史者如真西山魏鶴山
許魯齋吳草廬何王金許及我朝吳胡薛
諸先生不失正脉者已皆表表在人耳目
諸賢皆南宋以後人物亦南宋以後學術
謂孟子没至周程未出之先千有餘年竟不
得一道學之儒以道學之未明也自程朱
倡明道學之後我朝以來未四百年真儒
疊出前後暉映以道學名世者歷歷可數
公論所歸不可掩覆使天不生程朱則吾
恐萬世又長夜矣

孟子後千載無真儒宋儒有是言而後人述焉余每讀之戚然若有傷我心者姑就漢一代言之董賈輿文學政事之科蕭曹丙魏皆有政事之才遠在季路冉有之上而丙又入德行而不優至於孔明則兼四科而有之矣庶幾禮樂其為邦之亞匹乎黃叔度不言而化如愚之流輩也故曰吾國有顏子惜不得仲尼為之依歸耳管幼安龍德而隱居於遼東一年成邑其不及舜者一間耳陳太丘荀令君郭有道徐孺子則皆德行科人冉閔之次也其諸表表難以悉數歷漢而三國人才尤盛至晉及唐亦皆代不乏人但不及兩漢之盛耳今一舉

而空之曰無真儒而乃以宋末章句箋註么麼小儒爲足以續孔孟之正脉嗚呼悠悠千載向誰晤語慨嘆慨嘆

宋自慶曆以前英賢彙出考諸史冊可見矣當時治體風俗人才皆淳龐渾厚庶幾兩漢三代乎時程朱未生也果誰之力哉亦烏會如長夜直待程朱出而後明哉古今賢哲皆吾師範恐不必過爲抑揚互成偏敝而起人不信之心也何如何如

謂陽明不取朱子而其徒乃以朱子之書應舉入仕是爲倍其師說

前代科舉之制用註疏未嘗限人之學術必以鄭康成王輔嗣孔穎達諸人為依歸也朱子釋經過註疏遠甚則特制舍彼取此乃理勢之必然者至於學術則恐不可以是為限故曰以明道希文自期待又曰志伊尹學顏又曰乃所願則學孔子今欲限於科舉之所習則執德為不弘矣故學者當量其力而教者亦當量人之力以是進身則終身守之可也以六經語孟為歸以是為楷梯而求之亦可也以道為志置文公於古先賢哲之中一例師承無所適莫亦可也恐不須如此拘泥至於陽明門人尊師皆師別有說在咎不在此容面盡

或問何謂道學曰天下之達道五能行五者於天下而又推類以盡其餘道學盡在是矣何謂心學曰道之行也存主於內無一念而非道發達於外無一事而非心表裏貫徹無截爾偽心學盡於是矣故道學心學理一名殊明明白白平平正正中庸而已矣更無高遠玄妙之說至易而行難內外一者也彼外之所行顛倒錯亂於人倫事理大戾顧異巾詭服闊論高談飾虛文美觀而曰吾道學吾心學使人想象領畧

於渺茫恍惚之間而無可着摸以求所謂
禪悟此其賊道害心已甚乃欺人之行亂
民之儔聖王之所必誅而不赦者也何道
學心學之有

此條平正明白末後數語足以誅近世僞誕者之心矣
敬服敬服

論大學問謂親民乃所以明德曰今夫脩己
非明明德事乎安百姓非親民事乎聞謂
脩己以安百姓矣未聞謂安百姓以脩己
也云云

親民乃明明德於天下實事脩己工夫全在止至善上
古今皆不知此當細講

論陽明格物即正心之說

格物之說余見其于大學億當別出以講其大畧則附
于後段所和陽明良知三詩之下矣此下凡言格物者
皆不辨以此

問陽明知行合一之說何如曰知行何嘗不
一知所以知此理行所以行此理將以行
之也故求知所以知之者謂欲行也未始
分為兩途而各示其事也何嘗不合一但

不可衮作一處無分別耳且看聖人以知
仁勇分爲三達德智所以知達道仁所以
行而勇所以強何嘗衮作一處仁即作智
行即是知耳且下文又分生知學知困知
安行利行勉行兩件對舉又曰道之不行
也我知之矣道之不明也我知之矣又曰
夫婦之愚可以與知不肖可與能行又曰
知及仁守又曰知非艱行惟艱明明白白
分爲兩件何害于理而必欲扭捏作一件
乎若欲勉人力行但當曰知必貴于行知

而不行空知何用亦不可謂之真知也以
是激而進之則可耳
此條平正下同
謂陽明脩身是已發邊正心是未發邊心正
則中身修則和非是
正心者復其鑑空衡平之體也體上纖毫著不得故有所忿懥好樂恐懼憂患則心不得其正矣脩身者達其鑑空衡平之用也用上纖毫差不得故之其所親愛畏敬哀矜傲惰賤惡而辟焉則身不可以言脩矣陽明以此分未發之中中節之和正是但其論格致誠正

統體工夫處都又牽纏顛倒漫沒無端緒與此見迥然不同殊不可曉至於朱註混身心為一而皆以用言則恐亦非定見也

謂此心純天理貫內外而無不在也如事親內焉孝誠懇至外焉儀節不差心之在天理在是所謂至善也觀夫子問荅孝以愛敬無遺等言可見爲只白心裏誠孝而不必儀節適宜此天下所以多欺人之行矣心本無而謂我之孝不在於外任與父母分門割戶遂離父遠願養食疎簡所以順親

悦親之行一切不行率天下廢事親之禮
而徇此孝文不若只在儀文上盡其道人
毋猶得享其實養若聖賢教人則内外一
致已為彝訓誰說只是那些儀節求得是
當乎

此心純天理貫内外而一之云云所論甚當深足以破
近日分内外為二本之繆矣但係明明德分上事非所
謂至善也止至善三字乃千聖儞柄先儒及近日諸公
所見恐皆未見到此處俟别論

謂陽明謂秦始皇焚書有合于刪述文中子

◎

續經可俟乎聖人非是曰看他論辨全要除滅朱子之書乃可使若李斯之任不焚書坑儒不止也噫

後世文籍太盛枝葉太繁學者生而没溺乎此出頭不得雖有美才其所建立遠不及古人萬一王所謂博溺心文滅質博而寡要勞而少功者有識君子深切憂之故先正許魯齋有云也須焚書一遭陽明之言蓋出於此但激為險語而取必於始皇則駭人耳善讀者師其意可也至於王仲淹續經雖不可見而其所以續經之意則詳具于中說之中嘗即其書而求之恐亦非苟作

者但宋儒必欲推倒漢唐諸儒以為已地故以吳楚僭
王罪之後人吠聲不復加省殊非公論陽明許以為知
所表章以俟聖人可謂卓識不容議也予竊謂後聖有
作必法仲尼之志而用魯齋之言除正經外其餘繁蕪
之辭綺麗之語與夫異端詭怪不經之談如程子所謂
存之無所補無之靡所缺而又離真失正反害於道者
一切取而付之烈焰之中使之聲銷影絶永不能塗生
民之耳目其子史之中有關道理可為法戒而不盡純
者則師文中子續經之意刪而存之以為六經之羽翼
若朱子綱目小學近思録之類是也如此則學者誇多

闒靡之風頓息而反約窮原之力可尊庶幾猶古風俗
學術人才可彷彿其萬一矣陽明此見甚是今億料其
為朱子而發而一槩罵倒則恐未免出於有意之私而
在我者又不得其公正矣如何如何

問陽明謂念念要存天理即是立志久則自
然凝聚猶道家所謂結聖胎可馴至美大聖
神何如曰聖字可改道家道字亦可改為
禪字若聖胎則非只云云所能結
念念存天理久則結聖胎此言甚是但所謂存之之功
必須如孔門所論自富貴貧賤取舍之間以至於終食

造次顛沛之際無時無處不用其力其他如四勿三省主敬行恕忠信篤敬九容五事博學篤志切問近思諸凡求仁之功無非存之之實能如此著實用工方謂之念念存天理方可望聖胎之成苟不知此為聖門實學一切指以為外而棄之顛倒錯亂處唱驕矜無所不至而顧以號於人曰何事於外吾惟此心存天理而已吾恐始以欺人卒以自欺久則結成以鬼胎耳

謂陽明說盡心知性章非是

謂之知天使有脗合為一的意思自是聖人分上事謂之事天便有奉承不違的意思自是賢人分上事至於

脩身以俟之又與事天不同有聽其自至而不敢必的
意思故下二章詳言順受之道以明立命之旨正是君
子以命處義之事而凡學者之所當勉也朱子以知天
為始學窮理之事則與之太早以立命為聖人樂天之
事則[illegible]之太高氣象不類諦觀可見且古人知行合一
並進未有先造其理而後履其事者亦未有已造其理
而未履其事者況既曰知天則法由我立命由我出何
俟之有愚見知此未知與陽明合否
謂陽明人心道心之說雖有所尊信如象山
者亦有不合

人心道心之説與止至善之説通一無二明乎此即曉彼矣此是千聖欛柄亦是千古不傳之秘古今儒者議論紛紛恐皆未盡欲有悟入須逐問他聖人蓋列聖皆露端緒但未肯全洩而學者又不善追尋所以往往當面錯過向別處説耳

論陽明謂先儒欲事事物物上求至善是義外工夫其説非是

此段當極論其説甚長蓋陽明所見固差而先儒亦未必盡是恰好處正殺人理會都錯過也

謂陽明疑程子在物爲理之言非是

孟子曰聖人先得我心之同然者謂理也義也是理義皆在於心矣皆在於心而有二名體用之謂也今曰在物為理處物為義則是用猶內出而體全外且矣不知體既在外用何自出哉謂之義外之見也亦宜此須濯去舊見以來新意方可詳論否則先入為主雖言無益也或曰有物有則之說何如曰物則之上先之以天生蒸民而其下承之以民之秉彝則物者于人心而不必求之於外可知矣

謂陽明惟一是惟精主意惟精是惟一工夫非惟精之外復有惟一之說非是

惟一原從人心道心來知人心道心之說方可與言精一矣主意工夫之說不可曉不知此老胷中何故忽地高明又忽地纏繞可怪可惜

謂陽明以金喻聖非是

伏羲神農黄帝以上聖而不可知之神也堯舜神而聖者也大禹聖不及文孔而神非文孔可及者也文王孔子純乎聖者也此其分數較然不同但要人識得耳陽明或見此意但以有形之金為喻未免滯礙宜乎啓人之疑此必能辦虛心相聽方可極論蓋余平日無所囘護獨見之言也

謂陽明論顔子沒而聖學亡非是

喪予之嘆分明悼聖學之亡也陽明此言無病恐不必深求過詆蓋必真知聖學為何事然後可論其亡不亡續不續也

謂陽明論仙釋二氏之學其妙與聖人只有毫釐之間非是

明道曰昔之惑人也乘其迷暗今之入人也因其高明朱子亦以為彌近理而大亂真正是言其妙與聖人只有毫釐之間但陽明雖為言此不知果能真見聖人與二氏之妙而又能別其所謂毫釐之異與否觀其平生

作用用計用術未免蔑棄子世之功名富貴未見全放約下至於著書立言又皆扭捏纏繞好與先儒打對譬之泥中之鬪戲壁上之葛藤正犯莊子小言間間之誚而與釋氏所謂兩箇泥牛鬪入海直至而今無消息者全不相似由此觀之聖道之妙未易言也恐其於二氏亦未嘗闚其藩籬況入其室與乎而舉世方以禪學目之過矣

論陽明謂脩道何須要聖人品節非是

脩道之謂教與自明誠謂之教同皆言立法于此而垂範于後中庸自戒懼慎獨以至於達道達德九經三重

之類無非脩道之教蓋先脩己之道以脩人之道以脩物之道以脩天地之道而後吾脩道之責始盡矣朱子言後而遺其前陽明是內而非乎外學者各取節焉可也

謂陽明論心即理理即性非是

孔子從心所欲不踰矩顏子其心三月不違仁由此觀之則心與理自當有辨但孔門之求仁也不於其心而於其事其制事也不於其理而於其心觀其答顏冉諸子之問可見蓋事者心之用也如視聽言動居處執事與人之類皆是正而心自存矣心者理之體也心存而理自得矣如四

未欲與忠恕之類皆所以存心而理自在此合內外之學也心譬諸鏡理則其明是已塵垢薄蝕鏡存而明也或有之矣謂心即是理而專存乎心者恐失之蔽去其垢而明復於鏡非自外至也謂理散於事而後求於事者恐失之支愚故曰正恰好處錯過沒人理會也

謂陽明知識長進須從本原上用力及仙家嬰兒之譬非是

嬰兒必資乳哺衣食調養而後成及其成也筋力日強聰明日開都只是原初精氣而已非得之於乳哺等物也樹木必資水澤澆灌土壤栽培藩籬遮護而後成然

及其成也枝葉果實暢茂扶疎却只是原初生意而已非得之於水壤等物也人之一心萬物皆備必資誠敬以存養之簡冊以發明之師友以導迪之而後成然及其成也由善信而訓至於美大聖神却只是原初天付之理而已非得之於簡冊諸事也愚見如此陽明以為何如賢者以為何如

謂陽明格物致知誠意正心等處糊塗纏繞

陽明以下數條皆纏繞支離辯之是矣不復置論

問陽明謂有孝親之心即有孝之理無孝親之心即無孝之理矣忠亦然以是為物理

不外吾心是否

陽明此見甚是是即所謂誠者自成而道自道誠者物之終始不誠無物者也但其所論存誠之功與聖門少別故向別處差耳蓋達道五而所以行之者三達德三而所以行之者一無一則無三無五矣一者誠也即所謂實有是心也陽明此見甚是

論天曰天道天有理也非我心有天之理也地與萬物同陽明謂物理不外于吾心非是

孟子曰萬物皆備於我子思曰致中和天地位焉萬物

育焉惟天下至誠為能盡其性能盡其性則能盡人之性能盡人之性則能盡物之性能盡物之性則可以贊天地之化育可以贊天地之化育則可以與天地參矣惟天下至誠為能經綸天下之大經立天下之大本知天地之化育夫焉有所倚故曰君子之道費而隱又曰大哉聖人之道待其人而後行也惟其攝柄在我所以上古聖人做的事業掀天揭地光便光被四表格于上下舜便四方風動天地平成禹便山川鬼神亦莫不寧鳥獸魚鱉咸若列聖皆然故曰聖人為天地立心為生民立命也若原非一體焉能如此只有後世一無道之時

天地何如萬物何如便可見矣今曰天地自有天地之理萬物自有萬物之理皆無關於吾人之心果爾則世間何賴於聖賢而又何以學術為哉此是學問大頭腦處不可容易放過

問陽明謂溫清之事奉養之事所謂物也而未可謂之格物必於二事一一如其良知之所知者而為之無一毫之不盡然後謂之格物其說何如

審如陽明之意則身已修而家已齊矣恐不止為格物已也

謂陽明以無善無惡為理之靜即告子性無善無不善之説也

無善無惡是謂至善二語近是然億度之言非心得也觀其他處支離纏繞全不見發明此意則可知矣嗚呼使真得此欛柄入手吾見翼乎如鴻毛之遇順風沛乎如巨魚之縱大壑天壤間更有何樂而暇為此勞擾也耶

謂陽明行了乃知知在行後之説非是

知行兩事如人兩足如車兩輪進則俱進止則俱止不判而為二者也然足之對生輪之對轄乃天然自有之

分混而為一則人不成形車不成器況望其行且載哉

此等處先後次第皆明白易見不可倒不可混亦不須倒不須混陽明無來由生此意見空費氣力終是分疎不下徒留為後人點檢駁難之具而已這正是此老自討勞攘處未論古人只此伎倆何曾夢見白沙脚校而世人乃以禪學許之殊不可曉

謂陽明論文公早年合下便要繼往開來之說非是

一文公也或視之如敵或護之如親恐皆非無黨無偏者也請置之何如

謂陽明論格物者格其心之物也格其意之
物云云非是

此恐陽明戲劇之談而愚劣門徒妄相祖習云耳明者
付之一笑不必置辨

謂陽明論知孝知弟必是其人行孝行弟方
可稱他知孝弟果爾則易曰知幽明之故
知生死之說必其人已死然後知耶

幽明生死之說甚諦當更有一說孔孟皆少失怙恃而
無兄長未嘗躬爲子弟之事至其知孝知弟古今未有
能過之者豈亦行而後知耶蓋知行各有淺深取行之一

深者與知之淺者比之奚啻行重至以知之深者言則行且在於其中而不可對舉矣故曰民可使由之不可使知之又曰行矣而不著習矣而不察終身由之而不知其道者衆也程子曰人謂要力行亦只是淺近語人既能知一切事皆所當為不待著意才著意便是私心這一點意氣能使得幾時也又曰學者固當勉強然須是知了方行若不知只覷却堯學他行事無堯許多聰明睿知怎生如他動容周旋中禮是篤信而固守之非固有之也除非燭理明則自然樂循理矣古今聖賢之言皆平正通達如此若陽明之說恐知德者厭而無德者

惑矣

論陽明謂曾子未知用工之要故夫子以一貫告之與朱子不同非是

忠恕者下學之功一貫者上達之妙中心為忠如心為恕有所偏倚有所放逸有所拘隱凡失吾心之本體者皆不可謂之忠人己異觀隱顯異致終始異務凡不如吾之本心者皆不可謂之恕忠即大學之正心恕即大學之修身也不待中自然而忠者謂之一不待如自然而恕者謂之貫一即中庸所謂中者天下之大本貫即中庸所謂和者天下之達道也曾子下學工夫直積力久

將有上達之機故夫子舉一貫之妙以接引之而聞言即悟可謂能繼其志矣然雖悟一貫而其所用之功依原還是忠恕蓋未到聖人安行田地不可謂之一貫以其守之猶有力在也若夫多學而識（朱子格致之學正是多學而識工夫）則去忠恕抑又遠矣門人多務於此故曾子因其問而舉已平日得力之學以接引之十分懇切程子曰亦猶夫子之告曾子也得其心矣朱子曰曾子於其用處蓋已隨事精察而力行之但未知其體之一耳雖不中曾子下學之要而亦不甚遠至以忠恕為借學者盡已推已之目以著明之欲人易曉則千里矣至於陽明又別

生意見乃謂曾子未得用工之要故夫子以一貫告之果爾則曾子正與其餘門人一般雖聞一貫之言亦茫然矣安能應夫子之機若是其速而吝門人之問若是其決也耶以此見而議朱子是同俗而譏裸裎也或曰曾子平日忠恕之功何以見之曰始而自修之三省終而教人之三重皆其至切要者也其餘可以類推論語門人載此章不專于夫子之傳一貫而尤致意于曾子之傳忠恕也古今人皆錯會了

論程篁墩道一編倡陽明抑朱尊陸之害

昔歐陽文忠公作范文正公墓誌備載其與呂申公解

仇之事而其子忠宣力辨以為不然君子是文忠而薄忠宣蓋解仇美事宿怨褊心人子于親不應反隱仇而揚此也今者吾契道一之辨正復類是何耶蓋君子適志存道充廣德心雖有異同寔無人我感之以至誠動之以和氣正使不聽而絕亦且引咎自責不出惡聲如明道之于荊公是已朱陸二子有能為明道者乎分明植部互相詆訾過不在于一人也篁墩附調人之義而為道一之編其事雖未甚核而用意美矣子力非之是欲使二子之仇終古不解然後快于心歟已甚已甚有所忿懥有所好樂則心不得其正辟于親愛辟于賤惡

則身不得其修凡事皆然而學術爲甚恐不可不亟自反也何如何如鵞湖之會東萊與焉二子之辨皆不見及後來因文公攻擊太過聊以吾道無對一言解之其見高矣文公不聽又於無對之上生出許多議論東萊置而不荅蓋以公之氣盛語健主張太過難與言耳其見爲尤高也凡此皆天質之美學力之至養成廣大寛平之量從此體認天地聖人氣象爲近後學之所當知也因附及之

論陽明謂無有作好惡方是心之本體所以説有所好樂忿懥則不得其正非是

此說已見於前無有作好作惡正是正心之極功也陽明此處似有見於心之本體矣不知别處何故又支離纏繞而不可解將此等見趨盡汩沒了可惜可惜

問陽明謂格物與窮理不同言窮理則格致誠正之功皆在其中言格物則必兼舉格致誠正而後其功乃備而密其說何如

窮理兼知行而言窮如窮河源之窮究竟至極之謂也知事親便究竟到孝之極處從兄便究竟到弟之極處方可謂之窮理非只以知孝知弟為窮也故曰盡性至命必本於孝弟性則理之總會處命則性之所從出也

盡其性以盡人物之性至於贊化育而與天地參便是至命謂直到命之田地與天道脗合而無間也其始卻自窮理來先儒強以窮理解格物專以知言然則盡性至命之事豈徒知之所能造耶朱子解盡性為察之由之解盡人物之性為知之無不明處之無不當則亦兼知行言矣陽明格致之訓皆纏繞難明無可商量討頭腦處正陸子靜所謂艱難其途逕支離其門戶者也子皆置而不論惟以窮理為兼格致誠正之功則高出先儒所見學者取節焉可也故著其義如此至於格物之說又當別講

問陽明謂講得世上許多名物度數與巳原
不相干只是裝綴曰然非講之素明而知
其意義則應用之時非有聖人之資未有
不忙手亂脚而錯行以生無窮之弊
子入太廟每事問曷嘗講之素明及被或人之譏應
之曰是禮也從容自得亦曷嘗手忙脚亂學者能於此等處
勘破則求仁之方致知之道皆可迎刃而解矣
問說知行合一處亦似不甚明白何如只看
他用箇合一字則知行原是兩箇
且莫究論知行先後分合且試點檢諸人平日行處知

何恐其行異乎聖賢之所謂行則其知亦異乎聖賢之
所謂知矣又何必論其先後分合之為是為非也耶
問易簡支離陸之名已學而斥朱學者王氏緣
之以立論者也
天下之大易簡者莫如孔子天下之大支離者亦莫如
孔子吾道以一貫之非易簡乎大哉博學而無所成名
非支離乎學者於此能知其一而二二而一乃為得其
機要而易簡天下之理得矣否則就言語上分別徒占
地步而不能真知道要卒歸於天下之大支離而已蓋
聖人之支離無非易簡而後儒竭力以易簡自居者適

所以為大支離也况本支離者乎此處須眞勘破方妙
支離二字甚好莊子曰支離其形者猶足以養其身終
其天年又况支離其德者乎世德不足以知此

論象山宗孟子陽明宗象山云云

世儒恒以孔孟並言然孔子之言似緩而實切孟子之
言似切而實緩不可不辨也聖賢之學心而已矣然論
語二十篇心字僅四見擊磬之有心博奕之用心非為
心評也七十不踰矩孔子之心也三月不違仁顏子之
心也為心評也而意之所主在矩與仁外此而心之說
未數數然也似若緩也然即而求之凡其所示為仁之

方無非存心之要是故四勿所以存此心於視聽言動也敬恕所以存此心於出門使民也恭敬忠所以存此心於居處執事與人也忠信篤敬所以存此心於言行也九思存此心於所思也三畏存此心於所畏也三戒存此心於所戒也引而伸之默而識之自容貌辭氣顏色之間以至富貴貧賤取舍之際蓋無一事一字而非操存涵養此心之妙者譬之化工焉雖一草一木之微而天地生意渾然全具無少欠缺此其所以為聖人之言乎夫是之謂似緩而實切孟子開口說心似若切矣然求放心而不言所以求之之道言先立乎其大者而

不言所以立之之道言操則存存其心而不言所以操
存之道七篇之中詳發于擴充發用之端而潤畧于涵
養本原之實求其近裏著已如孔門求仁之說者不多
見也將使學者何處下手孔子為仁之教顏冉直下承
當者以其有可據之地也使孟子之門而有顏冉者出
將請事何語乎夫是之謂似切而實緩孔子之言惟其
緩而切也所以謂之循循然善誘人故當時由之而達
者為顏為曾為冉為閔其次為七十子又其次為三千
諸人而洙泗之澤流行布濩浸久浸明千載之下學士
縉紳私淑以善其身者皆其緒餘也孟子之言惟其切

而緩也所以謂之才高無可依據是以當時萬章公孫丑之徒見其論王道經世之具也則纂其才而馳騁於事功之談告子公都子之徒見其論性善堯舜之道也則駭其高而紛紜於善惡之辨斷其所務若有精粗內外之不同然其要領其所歸宿則一而所謂持塞扶冊均於古羊也身殁之後斬焉無傳恐雖異說當世之無人矣且程子既曰孟子才高矣又曰亦其時然何也蓋孟子天才傑出英氣蓋世而又生於戰國之時風聲氣習不無少染故其學問不由階級經造大體雖宗孔氏而實自成一家雄辯該博之才若非冉閔諸公所

及而消豁純粹之風邈乎遠矣善學者讀其書而自得之可也象山生於千載之後徒據孟子立心之言而不能深考孔門求仁之實所以其學流為虛驕恠妄之習而無復中正和平之美致令知德者厭其誕而無德者惑其高厭者置而不辨以為其說是者吾之所取其不是者不近人情久將自廢也惑者大端有二一則疑以為禪而排斥之不已朱子之徒一則尊以為聖而祖述之過當陽明之徒二者雖所見不同其為象山所惑而待之太高則一而已耳昔葉水心論劉歆諸人用周禮之繆以為譬之奇方大藥非皇帝神農所名無制使服食之法而

庸人鄙夫妄且吞之其不眩亂顛倒者幾希嗚呼其語
象山學孟子之謂夫其亦疑象山以為聖者之謂夫曰
然則若象山者後世何以待之曰知其非禪也不必過疑
知其非聖也不必過尊嘉言善行不詭於聖人者私而
淑之而其餘者存之而不必論論之而不必訕要在乎
吾心而已矣其待朱子也亦然
象山非禪卒難盡論必須洞究內典深識佛諦知禪之
所以為禪庶可以論象山諸人之非禪矣傳燈録所載
唐季以後利口和尚指天畫地訶佛罵祖其亂法妄語
欺誑衆生之罪萬刧莫贖莫如來之罪人也而象山孟

則氣象有似之者故世儒為其所嚇指以為禪不知雖諸僧亦不得謂之禪況象山乎況學象山者乎嗚呼豈惟聖人之學不明於天下後世哉

次陽明詠良知三首

若把良知當仲尼太清却被片雲迷良知止是情之動未動前頭尚爲疑孟子良知即四端乃情之發動處其以孩提言正赤子之心而程子以為已發而未遠于中者也陽明指此以為聖人之本體落第二義矣

獨知還是有知時莫認獨知即正知尋到無知無物處本來面目却為誰

本來面目却為誰絕四宣尼定自知學子欲尋絕四處

不先格物更何為格扞格之義禦之於外也物物交物之物凡外物皆是也格物即孔子所謂克己孟子所謂寡欲周子所謂無欲也格物以致知猶刮垢以磨光也物格知至則垢盡而明見矣愚聞之先正司馬文正公云

順渠先生文錄卷之六終

順渠先生文録總目

卷之七

序

題跋

書井泉贈言卷後　書詩禮傳家卷

跋終南山人妾薄命長嘆

文録卷七總目終

順渠先生文録卷之七

序

贈周道通

陽羨周道通談學於委順子曰嚮也衙見於井泉夫子而問學夫子曰察見天理何謂也委順子曰富哉言乎儒釋之辨昭矣夫心也者天下之至神而不可拘也夫理也者天下之至賾而不可離也夫事也者天下之至順而不可祛也三者一而已矣儒者之學本心以應事即事以觀理是故天理見而内外一矣釋氏之學外事以求理外理以求心是故天理滅而心迹二矣一也故

極於明庶物察人倫而參天地三也故極於畔倫理逆
天地而不自覺焉是故邪正大小判矣道通曰然是固
夫子教我之意也請附於夫子之教以自警

敘觀庭獻績之什

武城大夫饒侯謂邑子王子曰昔者獻也獻績而來也
子之鄉之彥之情睠焉咸若有疑歌以鳴之時有以茹
我矣而獻也恫恫索之而莫之獲也吾子以為何如王
子曰可以觀矣夫績居之遷也聲乎之徵也居然後遷
遷然後化化然後孚孚然後徵是故可與觀政矣乃出
大參王公而下之什曰此諸休逸者言也何如曰大矣

哉存而不固作而不因道而不譽其志感其典新其稱諦矣今夫人甝嶢者泊居成者平飽更者有惟泊罔易感感於誠惟平罔易蹶蹶於明惟有罔易冲冲於貞是故可與觀德矣乃岀進士梁君貢士王君而下之什曰此諸譽髦者言也何如曰美矣哉條條乎有四則焉一曰對而當物二曰好而知裁三曰志而附前四曰文而皷後彼四證者情偏群也情也載之於心委之於言言之不足故永言之永言之不足故廣言之其義愽矣作者其有怦乎其逆慮今日之不可恒也将或有痗吾氓者乎嗚呼為政匪艱致士惟艱失士而触附民失交而触

附士者吾見亦罕矣是故可與觀禮矣乃出趙學諭而下暨於群秀之什曰此諸絃誦者言也何如曰富矣哉煩而不縟質而不俚思而整留而知時颯颯乎休休乎各極其所往而咸以正終焉可謂盛矣昔者公孫僑之爲鄭也三年而後得之然而未若今之後也是故可與觀教矣是故蓄而能褆之謂德挹而能擬之謂禮導而可效之謂教德以基之禮以衡之教以陶之惟基勿墟惟民有依惟衡勿傾惟民有程惟陶勿恍惟民有造古之君子率是道也嘗有譽於天下矣是故可與觀成矣

賀李沖霄生子敘

歲甲申十有二月丙辰李冲霄始建弧矢之祥權湍里閈施于賓友晩之也蓋冲霄年已四十又七矣予時揚君公美馮君大寮暨子弟選相與釀金繪圖圖脩贊舉且謂禮必有義猥以問予冲霄予表叔又故善予予故弗獲辭而爲之說曰是舉也有君子之義三焉以頌者歸乎父以祝者歸乎子以規者歸乎教三者備而賀禮可行矣頌父者原其德祝子者願其賢規教者勗其豫三者備而賀義可尋矣乃諗之曰子也者孳也孳也者生也惟天地大德在生惟人續天地在仁惟天地常私仁人惟仁人克昌厥後敢以是爲冲霄頌父故其詩曰濇

◎

彼川派源之淵淵藹藹吉人子孫綿綿淵淵者長綿綿
者昌曷其引之三槐在堂復諗之曰惟論事足於有子
惟多懼兆於多男作室者必肯構爲良析薪者以弗荷
爲懲然肖德維人所願而降才實天所尊天可德祈人
可志遷天人合一家乃用延敢以是爲冲霄祝故其詩
曰山木有枝還庇其根君子有子考無咎言技既繁兮
子既賢兮愷悌君子胡以不求年兮又諗之曰惟少成
甚乎天性惟哲命貽自初生惟箕裘出于弓冶惟中才
樂乎父兄然禁于未發者斯謂之豫而養之以正者宜
在乎蒙敎以是爲冲霄覘故其詩曰樸椓斯拱木燥斯

弓匪琢匪揉與無材同物材由人人材由教愛而知勞
肆小子有造是故闡美之謂頌祈福之謂祝責善之謂
規從頌近於諛故受之以祝徒祝近於泛故受之以規
規以孚祝祝以足頌頌以統禮斯固諸賓友今日義也
敢以是爲冲霄賀故其詩曰呦鹿食芹載呼其群君子
有子燕及嘉賓嘉賓好我祝頌以規德音莫忘可配弦
索

奉送大司空白川周老先生總督漕運序

洪惟我　國家定鼎燕師軍國所需取給江南歲至四
伯餘萬石惟是漕政運道實爲要務　國初嘗以文武

重臣兼董其事若工部尚書宋公平江伯陳公是已厥後地廣事繁局分為二各以部若院大臣領之河道掌河防之政令凡河之群吏咸受職焉漕運掌運輸之政令凡運之將領與其群校群吏咸受職焉河道行臺駐山東濟寧取天井為運道之中而漕運則在淮安者以大江東西漕船逾真揚而來而淮其總會處也二臺同為國計而設地望相埒官聯相比統紀相承若無軒輊之可言者然河道起於刊溝而漕運所轄初無限於江之南比河道治水而已至於艎艦之堅窳郵閣之盈縮卒伍之登耗饑充之艱易往復之遲速府吏之愚良士

辛之勞逸諸皆漕臺者陳其條約制其徵令會其財賄節其出内稽其舉廢比其勤惰而誅賞其用命與其不用命者然後可以集事是雖同司國計而繁簡閒劇之間不能無小異者若夫必得老成公忠諳練世務之人斯能鎮服群情綜理庶務以勝其職任之重則亦一而已矣歲癸卯

聖天子圖任舊人詔起前南京刑部尚書白川周公於家遷大司空仍兼憲職俾整河道比以總督漕運缺員則又俯徇廷議改公往蒞之　命下之日中外翕然以得人爲賀蓋公信於天下者舊矣或謂公資望崇深已

嘗內列八座矣久勞於外恐未免北山之感且漕一事也若未足以盡公之用者道竊不以爲然昔者虞廷命禹之治水也蓋以百揆兼司空而行而禹之暨稷奏庶艱食鮮食懋遷有無化居卒致蒸民乃粒之效斯即後世轉輸之所由始也禹稷聖臣若不可輕儗然今之事任則其事任也公以一人之身而二聖臣之所爲備苟思所以自盡其心以仰副

聖明任使之意也嘗有餘師矣而又何歉也邪周之畢公四世元老及其出而保釐東郊也乃繼君陳之後公今日寔兼巡撫畿甸之責則是亦以畢公望公矣古今

昭代用人之道與夫老臣體國之忠惟其所而已固無擇於内外勞逸之間也且公昔以外臺超遷吏侍于時道適以郎署獲從周旋未嘗見公有喜色及被謗而南也亦未嘗有慍色休休如也公古所謂老成人者非耶行將上應霖雨之求入參股肱之列雍容廟堂坐鎮雅俗屹然爲時典刑雖欲久淹外服不可得已獨賢之歎非公所自待亦非所以待公也都水正郎歐陽君烈主事周君士咸以官守受公之知於公之行也戀戀若有不能釋者需愚言以紓其思因述所嘗知於公者如此公以爲何如也

送恩縣大尹趙君其甫考績序

客有問于余曰鈞是人也或爲君子焉或爲小人焉鈞是吏也或爲廉平焉或爲庸鄙焉名與實相背而聽者眩矣直與贋相殺而舉者僭矣僭與眩相成而巧者使矣虛譽蒙乎上秕政迷乎下柰之何民不窮且病也若此者其何以覺之余應之曰是惟徵而已矣曷徵哉徵於其可信者而已矣其處也徵其所師其仕也徵其所事徵其所與徵其所治師以徵其學事以徵其政與以徵其德治以徵其化學以定趨政以信志德以孚人化以成治四徵可信而其人之賢否居然可睹矣執驗之於

其素操持不足以服其心也若杰與斂者是豈聲音笑貌之所能爲哉是故其誠孚矣恩比武城恩民之頌其長者聲相屬也其歌曰誰剥誰脂慱譽如賈我民罔恫惟我趙父又歌曰誰𠜲誰心誰充其口我民罔恫惟我趙毋再歌曰父毋孔仁兮民有餘資力弗瘠兮父兮毋兮億萬春兮武城之父老聞而訊之曰樂矣乎其幸之也曰幸也而樂存焉某也剥民奉上以養父也其民餒矣某也借公自營以肥家也其民瘠矣而吾儕舉不知也幸幸其不罹乎彼也樂樂其獨囿乎此也故曰樂也而幸存焉是故其化成矣嗚呼士患無志有志矣行不

足以自達誠不足以孚衆化不足以淶民猶無志也趙子志如此其行與誠與化也又如此其爲君子爲庶乎也如揭日月矣世雖有善冒且欲者惡能措其巧也耶客曰先生之言誠信而有徵矣取而聞之當路所謂舉爾所知也何如曰吾聞之也君子不患人之不己知患不知人也在位而不知人則失之僭在下而不知人則失之眩吾知免吾眩焉爾耳若夫今之在位者藻鑑精明求賢如渴其知趙子而大用之也且有日矣奚徵於世人也哉于時趙子適滿三載將考其績於　朝客遂取余言書之以爲贈行序趙子名可旦某甫其字客者

敘也

賀夏津令平嵩劉君膺獎序

余家食既久交遊散落門庭閒靜雖免於車馬喧闐之勞而平生結友求才之意鬱而不申亦不能無少介介然者當是時也後進之英有能停撓枉駕數數過我而相慰藉者真空谷足音也然數年之間僅得二人焉曰前東流學諭夏津令今順天節推晉江易君時中嘉會曰前安丘學諭今水部主政太和歐陽君烈茂之二子皆以道誼臭味之同而有意於余其來也固非泛然而來而余所以禮之者亦非泛然而禮也蓋節推嘗從其

鄉先達蔡虛齋公遊水部則余舊僚少司成南野先生之群從也其源流漸被與世不同如此故其趨向亦不同如此余蓋以爲不可多見者也廼今又得吾嶌安劉君宜獻焉宜獻初教秀水化成擢湖陰令以家艱歸服闋改令夏津莅任未幾余未識知其人然與茂之同年友也茂之嘗亟稱之今又承嘉會之後而能廉以禔身禮以淑士惠以畜民舉不改於嘉會之舊用是受知於巡撫中丞谷坪李公移撒奬勵以勸有司谷坪吾友崑山魏莊渠先生友也莊渠近以書來詢問谷坪風采激揚何如余未及荅而夏津縣學諸生以禮幣來徵余

言以爲宜獻賀夫語曰不知其人視其友又曰達觀其所舉彼二子者不易交人李公不輕舉士由是觀之則宜獻之賢不待稔交而可知而余亦因得借手以復莊渠矣嘗怪韓退之有云先達之盛必待後進而後傳後進之美必賴先達而後彰斯言若未失也至謂下之人負其能不肯諂其上上之人負其位不肯顧其下故雖相須而不相遇此真世俗市道態耳而可與論君子之交也哉彼君子者道德重而勢分可忘聲氣同而形迹可略在上必汲汲然援引獎借以長育人才爲急而在下亦必汲汲然尊賢取友以成就己德爲事所謂兩相

求而各得其欲也區區挾負之徒惡足以語此今覩宜
齋與夫二子者之所以受知於谷坪莊渠與余與余三
人之所以知之者則君子之交可知矣余老且病無復
當世之志若二公者蓋海內人物之權衡也宜齋既與
二子同以鄉薦爲起家同以邑博筮仕名實先後大抵皆
同而又牽聯同受知於二公二公行柄國是有以人事
君之責吾見三子者固將拔茅彙進同樹茂績於當年
同垂休光於後世以爲知己者報豈徒歆豔夫今日之
奬譽已哉余不佞敢以是賀宜齋且因以朂之宜齋諱
璧平崗其別號云

叙秉風鳴誣之什

昔者孔子嘅中行之叵得覬剛毅之近仁而又喟然嘆其未見也其思深矣彼多慾之棖與剛正相交而或若乃很以當聖人之所願其若果安出耶蓋天下之事向有實相欲而名相詭者非知道者孰能辨也多慾之人勝心內橫爭氣外張狹中少容謂之剛褊其自持人[illegible]之剛偏恃大自用謂之剛悍剋核太甚謂之剛忿之數者彼其人固自以爲剛而世亦且以剛目之然不知由聖人觀之皆慾也何也凡以求勝夫人也凡以求勝夫人而取諸人也夫勝人而欲取諸人之謂慾有勝而無

求於人之謂剛兩者實異名同而世人莫辨之無怪
乎其以慾爲剛也已昔者皋陶矢謨以剛而塞爲禹舜
之教曾子亦以其剛而無慾塞者也故以大[illegible]
誠於中也慾者欲之似剛者也無欲[illegible]
外也夫惟自勝而後能塞夫惟無求於人而後無慾矣
惟塞且無慾而後可以近仁可以謂之剛矣孔子特
固已嘆其未見後世可知矣比讀海內諸賢所爲余問
年友東泉張子嗚謚之什暨張子所自著[illegible]銘并
之嗚呼若張子者其殆今之所謂剛者非歟大[illegible]
自[illegible]者敢於行者也迺危機而卒蹈者敢於[illegible]

張子之才之智出流輩過甚苟非其所挾持有大異於
人者其自致寧若是歟耶方其舉進士筮仕爲理於開
封也階而旅進可以取臺諫柄事權其既抑而爲部寮
也同而附特可以致通顯躋卿寺二者既皆以直弗遂
及其積資歷考僅而出守武昌也使稍有所慾於前而
略自貶焉則亦可以循途轍累歲月而登華要無難矣
而張子一切揮斥不顧隨其所在守法奉公直行已志
大利誘之於前而不爲喜大勢驅之於後而不爲懼毅
如山岳浩如江河威如龍虎蓋可越而不可移可亂而
不可遏可竊窺陰陷而不可正視直指也壯矣哉張子

◎

其殆今之所謂剛者非歟使其中少有一毫趨營進取
之念不能自克而未免有求於人也則一之已劇況至
於再況至於三乎在昔柳士師直道事人毋心三黜孟
軻氏稱之曰不以三公易其介者也若張子之介其亦
庶幾所謂三黜不易者非歟壯矣哉充張子之志使不
戹於時而得究其所欲爲其司諫諍也必且爲折檻必
且爲引裾其肅風紀也必且爲破柱必且爲埋輪其又
進而當大任臨大難必且爲柱石必且爲干城必無負
國家任使之意以與古烈士爭光此其人於世輕重何
如也顧以直見斥遂不復用惜哉張子歸既久公論益

彰於是激爲文章發爲聲詩引爲歌謳斷斷焉若爲張子鳴其不平者然乃張子則頽乎以呆自諉蓋安之若命而未嘗有幾微動於中者何也信乎道不必信乎位畸於人不必畸於天理固如是張子其素所蓄積當亦必如是也余於其三黜而不悔也已占之矣或曰呆傳自明何也曰明乎道也道當然而已之升沉毀譽不計焉固當官之道也曰不亦太直矣乎曰直矣以直報怨不直則道不見固孔孟之所不靳也余懼覽者或疑張子之剛於古也故復爲是説以解之

大學億序

大學者聖人盡性之學也止至善是也何言乎至善也
易曰一陰一陽之謂道繼之者善也成之者性也此至
善之原也故曰天命之謂性也天命之性本不可得而
名狀也聖人不得已而強名之於易曰易簡於中庸曰
中和而於大學則曰至善其爲性之本體一而已矣至
善何言乎止也至善之體本静也本無聲無臭也本無
思無爲也寂然不動止而已矣止之云者所以復其本
體而非有所作爲損益於其間也何以止之也格致誠
正脩者所以止之也而格物爲要矣盖至善本止而有
不能止者物誘之也孟子所謂心之官不思而蔽於物

物交物則引之若是也格物所以先立乎其大而使其小不能奪也故格物而止至善之功斯過半矣循是而往致知者復其明覺之體也正心者復其虛靜之體也而至善之體立矣誠意者謹其用之萌於內也脩身者謹其用之達於外也而至善之用行矣體立用行而至善止矣至善止而德明矣德明而可明之於天下以親民矣夫至善至矣又何言乎明德也一也至善循其本明德舉其成實非有兩事也虛室生白白非自外也水静則明明本在內也而況聖人之心止於至善也歟天地之鑑也萬物之鏡也天下之至明何以加諸然則又

何言乎明之以親民也一也今夫月之止於中天也而萬象咸攝矣月非來也萬象非往也一體故也明德之於萬物亦猶是爾明之云者所以復其一體而非有所作爲損益於其間也何以明而親之也齊治平是也所謂易簡而天下之理得也所謂致中和而成位育之功也所謂盡人物之性而贊天地之化育也夫至是而後聖人之能事畢矣故曰大學者盡性之學也聖遠經殘群言淆亂晦而不明也久矣愚也熟讀其書而以意逆之得其義如是也故爲之億以俟就正於有道者云

則世儒之學息世儒之學息則道德可一道德可一則風俗可同風俗可同則王化可興是故君子莫大乎反經

書詩禮傳家卷

若友人都水張公儀氏述其家學云云者也大司徒約菴周公既已詩而識之矣公儀將之贛州守也復价其門人宋司訓持以示予且需一言以張之予惟孔子之門六經具備而過庭之訓斬於詩與禮者先要約也蓋詩緣性情禮嚴軌物治心養性之妙脩身齊家之方當官行政之要取諸斯二者不啻足矣大聖傳家之學猶

且先之而况於他乎後世明經之士專門名家往往僅守一藝獨髙玄成承其父學兼治詩禮以此相繼爲漢名相且施及子姓延於宗黨拖青紫躡顯要者代不乏人當世榮之故有黄金滿籯不如教子一經之諺詩禮傳家之效至是極矣然其志之所趨功之所就僅諸孔門其内外大小淺深高下未知果何如也今張氏之業二經也閱三世矣至公儀第從而後始大發之公瑞既以禮學先進爲　明時良二千石大用未究歛德肥家而公儀繼登以詩也又復知其麟趾鳳翥玉粹蘭芬蔚然一門之盛方興而未艾也由此而爲韋氏也無難矣

雖然猶有進於斯者公儀其自知之公儀外朴內明卓
然有立而又從容風議達於政體已試之効固居然可
覩矣繼自今益篤不忘溫柔敦厚以和之恭儉莊敬以
節之庶幾乎孔庭之教而後前烈愈光來慶愈衍也豈
直修名位以誇詡時人之耳目已邪愚不佞敢以爲公
儀及其子若孫勸

跋終南山人妾薄命長嘆

武城王子曰余讀終南山人妾薄命辭而悲之其身困
以棘其守貞以恒其音壯以厲其志亦可哀矣雖然矜
色衒才媒讒囮忌如古長門者流是又難盡諉於命之

薄也辭多自然之言山人其亦有創於此也夫

順渠先生文録卷之七終

卷之八

記

文録卷八總目終

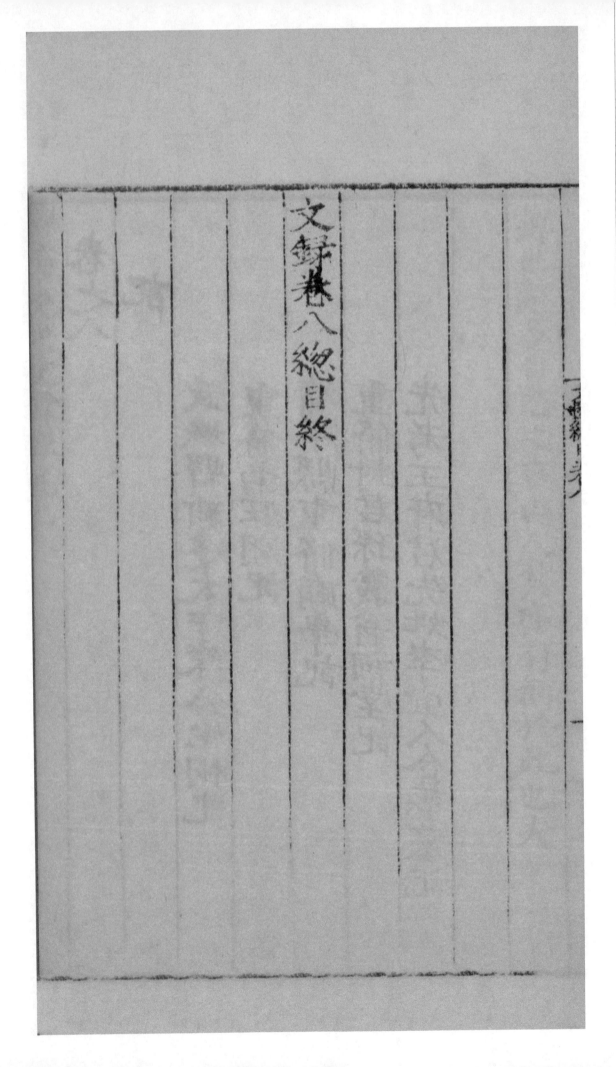

記

武城縣新建太守陳公生祠記

武城東昌屬邑也地勢卑下而衛河行乎其間毎河漲轍被其害嘉靖庚寅秋大熟未獲水忽大至田禾漂沒室廬傾蕩民苦昏墊未知底定而秋税之符又下四境嗷嗷已分溝壑矣于時今山東大方伯芹山先生陳公適知府事聞民之急親往拯之發廩勸分罷征已責生者散財死者給槥俾免於流離暴露之厄民以貌告公曰我在其毋恐廼 奏請捐郡帑白金以兩計者九四

千八百有奇用代一邑兌遷之額　詔可之民願以甦於是老稚婦子相率涕泣焚香籲天曰公活我我何以報公也越八年戊戌秋水再至患加於前時公已督視兩浙學政去郡久矣繼守寧州呂公顧因民之哀考按故實得請如公民又賴以甦復涕泣焚香籲天曰公再活我我何以報公也久之相與謀曰公之德在吾邑天下不盡知也感公之德在吾心吾之子孫不盡知也其惟生祠乎昭遠埀後以來吾思其惟生祠乎佑公已歷陝右憲長晋轄東藩趣价貢士劉希契上白其意於公公堅不可衆弗但已也進告於邑侯丘君道明丘諭止

之曰爾舉誠義也公意不欲奈何退又謀於鄉大夫士鄉大夫士善體公意者亦諭止之衆猶弗但已也復价希契往白於嗣守當塗喻公智喻檄若曰背惠者不祥師古者末世吾民之舉匪圖報德亦以示法也有司者其聽之於是闔境聞命忻然趨事相地於城西河水之壖築而崇之南向爲堂凡四楹中肖公像左右列廡各四楹以爲致齋滌牲之所前爲儀門又前爲碑亭碑亭儀門之間轉而西向面河爲大門顔之曰東昌太守芹山陳公生祠經始於壬寅某月某日次年某月日告成事焉嗚呼天下之理感與應而已矣上之感也公且誠

則下亦以公且誠應之公則其施也溥誠則其入也堅故雖藏於田夫野老之心者愈於金石而更以天時人事之變者新如旦暮斯固威有所不能致理有所不能格也昔在宋至和間西蜀弗靖張公方平徃鎮撫之。民賴以寧後遂留公畫像於佛寺以係去思匪直公不能禁雖其鄉先生蘇明允氏從容曉譬而終不能回也以古準今殆有加焉無弗及者感應之妙至矣哉或曰祠也者所以事神也生祠非古也是不然石相之祠欒公之社禮以義起者厥惟舊矣宋有朱去泰者曾爲海州既去而吏民思之爲立生祠一日方奏事忽驟然大醉

上詔之對曰臣素不飲此必州人饗臣爾覆視之果然
用是而觀人神一理感應一機顧誠與公何如耳昔者
公也舉其愷悌父母之心施於有政初不蘄民之何如
也而民思之久而不忘如此自今伊始瞻仰有象肸蠁
有儀歲時伏臘相與奔走拜稽於祠宇之下輸其洞輙
再生之誠以效南山萬壽之祝精神所極隱閟潛通純
嘏之福不止萃於公之身也公之子若孫亦必有陰食
其報者矣一醉之應悪足爲公道耶公名儒字汝宗錦
衣人起家癸未進士文章政事蔚爲時望而剛方廉節
可屬大事不曾爲張文定者他日勞者於國法施於民

祀典昭然當通之天下傳諸後世而此祠則所謂掘井得泉者也雖不專在於是而實於是乎先焉斯民何其幸哉祠之初建也愚不佞嘗以公意止之期不聽壁其成也顧不見過而猥以記屬義叵得辭迺爲直述其事如此蓋亦竊比於我老泉云是役也財用之共民所自辦一不以煩官府受事於丘矣以董其成者爲耆老王文章若而人而相之者邑弟子員蘇琢也法得附書

重脩南旺湖記

南旺湖者古大野澤而古今貢道之要會處也按禹貢徐州大野既豬東原底平周禮職方兖州其藪澤曰大

野地志謂大野在鉅野縣北而何承天云鉅野廣大南導洙泗北連清濟則其地與其所鍾可知矣或又云鄆州中都西南有大野陂鄆州今東平州即古東原而中都則汶上縣也去古既遠陵谷變遷求古大野未知孰是顧今南旺湖實在汶上西南縈廻百五十餘里而會通漕河貫乎其中湖界為二西湖廣衍倍於東湖而東湖北接馬踏伍花坡湖以及安山南接蜀山馬場坡湖以及昭陽諸湖相屬綿亘數百里而徐兗東平汶上鉅野鄆邑又悉環列於其左右與古經誌合是南旺湖即古大野無疑矣禹治水時大野既鍾洙泗濟水而成而

泗通於淮濟通於汶淮通於沂汶通於洸而泗之上源又自大野而通于濟則是大江以北長河以南中原諸水縱橫交織皆於大野乎相聯而當時入貢之路若青之浮汶兗之浮濟徐與揚之浮于淮泗亦皆于大野乎相關是大野在古已爲貢道之要會處矣後世建都不同輸將之途亦異惟我

聖朝成祖文皇帝定鼎燕師控制上游與堯舜禹所都同在冀州方域之内故其經理貢賦道路亦與禹迹大畧相同濟寧之境南達于江中間雖有二洪五湖之險河淮湍激之虞然所循者循淮泗之故道也至于漳御

合流直趨天津則與古逵河以達帝都者亦殊途而同
歸矣惟是濟寧抵于臨清上下三數百里地勢高仰舟
楫不通會通河雖創自前元未底于成也 國初黄河
决于原武漫過安山而會通河遂以堙廢至永樂中始
以飛輓艱虞爰命宋司空禮發丁夫十餘萬疏鑿會通
以濟漕運顧瞻南旺適當其衝宋公乃用老人白英之
言導汶自戴村西南流合洸與濟伏所發徂徠諸泉之
水滙于南旺注于會通南北分流上下交灌而又建閘
設垻啓閉以時遂使三十餘年已廢之大野復為聖世
利涉之用蓋亘古今而再見者也向非南旺則會通河

雖開亦枯瀆耳烏能轉萬里之軸轤來四海之朝獻以

供億億萬年之 國計也哉是南旺湖誠又今日貢道

之要會也南旺既瀦會通甚道自時厥後海運陸輸一

報罷歲漕東南粟四百萬石直達京師若行堂奧然上

下咸利者且百餘年矣物盛致蠱積習生常邇年以來

河沙淤而吏職曠於是有堙塞之患水土平而利孔開

於是有冒耕之患私藝成而官防礙於是有溢決之患

三患生而湖漸廢湖廢而運道遂失其常此所以不能

不軫吾

聖朝宵旰之憂也迺者廷議因漕船阻滯請遣大臣如

宋司空者往任其事而兵部左侍郎王公某寔參贊命
兼憲職以行　訓詞丁寧首以經理山東諸泉爲漕河
命脉是固以宋公之任任公矣公祗承德意奉行惟謹
視事之始會同漕運管河都御史周公某郭公某暨內
外諸司相與遠稽近考蓋得湖泉放失之由如前所陳
三患云者於是察圖牒以正疆界昭典憲以懾豪强飭
官聯以愼法守而又躬履地形指授方畧先濬諸泉以
開湖源繼疏四湖以爲水櫃又以南旺地當要會用力
尤多西湖環築堤岸以丈計凡萬五千六百有奇隨堤
既開大渠與堤共長而湖內縱横復穿小渠二十餘道

使相聯絡引水入漕東湖迤東地勢漸高無需防過止於官民界分植柳豎石以杜侵冒而南至長溝小河口田家樓受水之處則亦堤而渠之僅及西湖五之一凡所新造爲閘者二在李太口弘仁橋爲壩者二在馮家口王岩口爲河者九百丈在李村王堂二口皆蓄洩要害處也至于闢閘全湖申縮漕道有若南北端上下二閘東西岸十七斗門則皆因舊而益脩濬之以司啓閉經始於辛丑八月十有二日至十月望告成事焉凡役夫萬五千六百用銀二萬七百八十兩皆取諸河道之委積云其承委官屬總督則山東參政余君鋑都水郎

中張君文鳳主事劉君鳳池李君梦祥兖州知府程君尚寧分理有司自陳通判瀛劉推官燾而下爲知縣某某某判官某主簿某訓導某又若而人公既肅将明命率由舊章而諸君亦咸惟懐永圖恪遵成筭所以群策畢効衆力協齊甫二閱月而百年漕政犂然悉還其舊是皆

聖天子神謨法祖知人善任之效而公之攄忠體國果無愧于宋公也如此嗚呼盛矣先是公經畫既定條具

上聞事下工部覆奏取可施行仍議勒石紀成用昭久遠於是諸君參符從事不鄙謂愚公同年也來屬筆焉

愚惟建事而有所因則功易成法立而後能守則德可久今之功叙誠不可以無傳矣抑又有大者焉享萬世永賴之利者覩河洛而思神禹以萬民惟正之供者戒逸豫以則文王當今之世滄海以還全歸禹貢薊門之表盡樂堯封可謂盈成之極際而儆戒之至幾也則夫前所當因後所當守者寧一運道已邪公等皆預聞保大定功之責所以職思其憂者亦必有大於此矣

廣宗縣重脩儒學記

武城魏侯之令廣宗也始至稽按故實諮覽締建見其頹然圮廢者幾年迺慨然嘆曰畏嫵裕蠱遺過後人世

恒習也諒不敏不敢以是自誘矣然事有緩要役有緐省時有詘贏舉不失叙政乃可成也廼差而賦功焉首縣治曰此出令之所也所以宣德化而示軌則者也不可後也新之次城垣曰所以衛民也次巡院曰所以秉度也次僕寺曰所以考牧也皆次第新之次養濟院曰所以屬窮民也文王固已先之矣則繼新之次城隍之祠曰是在祀與與社稷埒所以佐令而同福斯民者也則又新之凡附於之數者皆犂然就緒矣顧瞻學宮寔維首善之地而體尊費巨叵易舉也曰吾不可以亟勞吾民姑需之姑謀之俟吾化行而後可翕也越三載惠

流民和孚於上下彦乃以秩滿考績於京天官最之上
其治狀於　朝詔錫之誥命以寵異之而還其任一再涖
之初迺屬其父老於黌舍而告之曰斯固有司者之責
而諸子弟之所賴以成其材者也吾與君等分任之則
何如於是聞者欣然趨命惟恐或後陶者運甓植者運
材智者效畫壯者呈力旬甫二浹而諸工咸告成事蓋
不期而集不督而勸其所以信於民者豫矣凡撤而新
之爲明倫堂者四楹堂之後爲講堂講堂之前爲二門
楹皆如堂之數堂之左右爲諸生肆習之舍者二十有
二楹凡附於之數者亦皆犁然就緒矣榱題翼翼丹雘

炳煥弗侈弗陋爲四方觀於是學諭傅君珙司訓郭君汝靖曁諸生徒德庚之功思垂諸後世迺具書幣遣生員劉應祥賀矣祥徵記於予予惟古昔學之義二有以地言者四代之學見於經者是也有以業言者其道已遠其義則自傅説古訓有獲之言始發之嗣是而後聖經之論不啻詳也然其要歸於孟氏之所謂明倫而已地之興替存乎上業之脩否存乎下然地崇於上而後下有所承業成於下而後上有所副斯二者又未始不相須也考諸郡乘廣宗有學創自前元入國朝以來三次脩葺至於今日益完且美

聖天子育才導民之盛良有司寔欽承之誠可謂追隆
治古矣所未知者士遊於學所以脩其業以矣無負乎
上之人嘉惠之意者果與古人合乎否也嘗傳說時古
訓未備也至吾夫子而後易詩書春秋禮樂之訓大明
至孟子後諸儒相繼推明而後孔子之道益尊今六經
語孟列在學官上非此不教下非此不學可謂至矣而
士之成材或間有愧於古此其故何也伸其佔畢觧其
訓詁支離其文義而於所謂有獲者蓋闕如也則亦無
惑乎學之不古若矣諸士子承茲學之新也能遂新其
學以副之無安於故而徇於習無淫於浮而遷於異求

諸聖賢之所謂學者而從事焉遊志焉以傳之時敏焉
以胥之身焉心焉以允懷之期至於來且積而後可以
言獲也由是默而成之可以畜德神而明之可以建事
出而仕于朝則爲良臣入而居於鄉則爲善士薰陶之
久沛然暢達庶幾倫明於上俗親於下而廣宗之學與
古庠序並美遡源繹始於矦有光匪直無負焉已也否
則徒爾勞費而訖無補於治教之寔是也亦豈直負矦已
哉二三子勉之矦字子貞與予同學且同志也以明經
筮仕今官廉明愷悌民歌舞之予嫌於阿也故畧其他
美以俟異時記去思者而止述其興學之顛末如此云

清平縣重脩廟學記

按誌清平學在縣治東北創自金元入　國朝景泰成化正德間嘗一再脩葺頹惟因陋應之計非經久邇嘉靖甲辰大梁鄧侯以鄉進士來宰是邑禮謁之初見其頹敝弗稱慨然有興復志越明年政暇力以其事白於府府轉白於當路僉議愜從乃發公帑金以兩計者凡四百有奇給侯從事經始於閏正月朔至四月望遂告成焉前廟後學位置森整廟之制曰殿曰廡曰戟門曰泮橋曰欞星門殿之左為啓聖祠祠前為　敬一亭殿之右為庖湢之所戟門左為名宦祠其右為鄉賢祠凡

附于廟者無弗備矣學之制曰堂曰齋曰毓秀坊堂之左為廩庾其右為神庫官師棲息之宅凡三區在堂之後與其左右諸生肄習之舍凡二十間在啓聖祠暨庖湢之左右儒學門在櫺星門之左凡附於學者無弗備矣閈閎墉術鵠峙繩牽丹艧黝堊翬飛鳥錯巍然煥然改衆目觀於是學諭黄君璡訓導戴君禧陳君忠謀肇相與謀曰侯之功偉矣不可以無述也乃繪圖具狀遣生儒劉毓粹高大之譚介福郭東魯謁文於余將勒諸石以詔後之人俾勿壞余既披而閲之因進諸生而問曰爾侯之成是工也亦必有道矣可得聞與曰有槩之

以實其基築之以正其向材木必良瓴甓必堅主之以名匠督之以才吏既成而後塗之以髹漆彰之以彩色而大工始就緒也余聞之喜曰噫是誠有道矣然豈惟足以新是學宮已哉凡子諸生欲新其學也亦於此取之而已矣蓋心也者基也志也者向也仁義忠信之德通達知類之學其材木與其瓴甓也師匠也友督也文辭也者其髹漆彩色也誠心而後基壯崇志而後向方脩德而後材良講學而後甓精之數者必得明師以為匠良友以為督而又文之以文辭斯可以為成學矣學成斯可以出而效用於世矣是固我 聖朝建學育材

之休德而良有司寔欽承之者也子諸生承今之美其
亦欣然而有志於此也乎且清平古漯郡地青兗之交
而齊魯之會也在昔孔聖群賢徃來二國之郊蓋於茲
有轍跡焉靈爽洋洋萬代如見今也講其道於新學不
啻親承音旨禮其神於新廟不啻式瞻儀刑於斯而弗
能感厲奮發自新所學以蘄世用如余前所云者匪直
近負[redacted]明時抑亦負聖賢過化之澤於百世之下矣子
諸生也承今之美其亦惕然而有懼於此也乎嗚呼勉
之哉侯名鳳世長葛人嘗以文行望於長河之南為政
廉平有體上下交孚其就斯役也經畫素定調度有方

故工鉅而費省成速而民不告勞即此可以例其餘矣主簿申邦俊從外相之而專董其事者則典史林鑄醫官王時雍也因附其名於末云

重脩封君孫義翁祠堂記

故城三朗鎮在縣治西北五十里鎮東十里有邨曰鹿家故封君孫義翁之所廬也翁既沒鎮人廬琚暨其群從黨友相與建祠祀翁於鎮之南以報翁德歲久風馳駿奔益駁堂階偪側至無以設禮容觀者病之時同事者半已物故獨琚尚存迺慨然興曰是固吾之所當終者不得以耄辭也遂復率其弟珩子瑁子玉與石珣輩

敬人募義捐貲買地市材相舊規而益閎之棲神之宇
拓三為五中肖翁像而環刻翁遺事於其四壁以繫衆
思廣燕有所齋庖有房翼翼嚴嚴為一方觀經始於
年　月　日至　年　月　日落之凡茲費役甚巨且
繁雖營於衆力而琚也寔尸其成盖翁之義隨力所至
無所不贍而施自鎮始故鎮人之德翁也視他處為最
盧故望族及琚頗落翁察其足以有立也教而振之卒
底於成以裕其家而光其世故盧氏之德翁也視他人
為最嗚呼斯固可以占翁矣工既告訖謂麗牲之石不
可無言以昭諸後也廼伻國子生魏臣邑弟子員李元

嘉謂文於道且以翁冢子太僕卿先生所述泣血録來
道拜而讀之見其揄揚稱儗各極其美而其人最賢且
顕其言足以信今傳後無疑者則有若閣老介軒靳公
之銘都憲東田馬公之表方伯孟川李公之録在焉王
公之言曰王祥薛包翁之孝友也楊椿栁玭翁之規範
也郭元振范忠宣翁之賑施也陳太丘王彦方翁之感
化也下馬滕西翁之遺愛也夫諸賢者古之振奇人也
後之人能彷彿其一行尚足以照耀簡編膾炙齒頰而
况兼而似之者乎嗚呼庶言不浮斯蓋可以占翁矣翁
之生也與都憲公及方伯之先侍御公同遊没與二公

同祭於社已極哀榮之盛而其釣遊之處巍然專祠又
復有此自今以始歲時肸蠁遐邇駢臻祈焉而應報焉
而格翁之所以惠斯一方之人與一方之人之所以報
翁者俱相期於無窮為善者其亦交知所勸矣夫或曰
翁一鄉之善士也得太僕為之子而名遂與二公若是
乎班也人貴於有子也哉愚以為此不知德者之言也
人之為善於陽者人得而名之為善於陰者神得而旌
之昔者紫府真君嘗坐黄承事於張忠定公之上徒以
其儲穀濟人陰德為大耳今夫二公勳名風節固赫奕
一時然仰視忠定未知其孰賢而翁所積若此則冥冥

之中其所以處翁者當不在承事下也的矣驊衣白馬
東行海上信斯祥也翁宜直俎豆此一方已耶傳又稱
承事子孫青紫不絶嗇爾則自太僕延於世世固皆庸
翁餘蔭且當疊疊焉以繼述爲孝以弟克負荷爲懼者
也頗謂翁因子而顯豈理也哉雖然天人有交勝之符
父子有相成之道于公之閭得定國而愈高王氏之槐
至二郎而愈茂若翁者固不待太僕而顯而太僕之恢
弘揚厲于翁有光則亦有不可誣者爲善者其益交知
所勸矣夫翁世系名號封秩暨諸行實具於銘表遺事
已刻壁刻及楊太史前記矣兹特揭其梗槩而又系之

以詩俾祀翁者歌之其辭曰大鈞無物厥德日生克肖以仁惟人最靈人而不仁形藩利關一膜之外判爲秦越吁嗟義翁仁以義流始于家庭達于鄉州寒兮我衣飢兮我食凡民有求罔不我即翁仁則洽翁心歉然曰我何爲恐弗肖天天既與善民亦懷義父兮母兮匪翁曷比翁不少留乘雲帝鄉騑衣白馬海上翱翔民思翁斯文而彌恪奕奕新祠惟民是若遺事在壁遺像在堂雕俎蕙馥玉酎蘭芳載報載祈載歆載妥翁其來斯始終惠我驅我厲疫豐我饑思匪自也今維萬億年

先考王府君先妣李宜人合葬墓記

明贈承德郎吏部文選司主事加贈奉政大夫吏部稽
勳司郎中先考府君諱琮字佩之姓王氏武城人曾祖
諱士中妣杜氏祖諱復禮妣李氏考諱綸妣張氏生母
孫氏世隱德於農府君幼穎異不群有術士陳姓者見
而奇之謂先祖曰是當大爾門盍教之讀書先祖因向
嫡祖母張曰邨疃中不可以居吾子吾又不能舍穡事
而之他也柰何張即解家鑰付生祖母孫親携府君入
城覓師就學遂成儒業府君性孝友廉靜有幹蠱才既
進庠序兼以門戶自任先祖優游田畝不聞追呼者餘
三十年先季父瑄生未省有不如意事皆府君代而庇

之也坐是弗獲專意于學屢躓場屋暨子道入仕乃慨
然曰吾命與名恉幸有子承吾志足矣遂以儒服隱于
鄉縣宰有慕其賢者就而見之乃見履貞操約恬於勢
利人固不知其有子爲吏部郎也生於成化辛卯七月
壬午卒於正德丁丑四月乙卯年四十有七先妣贈安
人加贈宜人李氏同邑廵檢公穩之女性溫厚貞良年
十九歸于府君事舅姑盡禮至與吾嫡祖母慈孝相結
恩過所生則尤人所難也不幸降年不永僅二十有四
而亡弘治辛亥八月辛未也時遺孩道甫五齡選才晬
耳後皆祖母張鞠而成之先妣孝愛之所感者深矣嗚

呼痛哉府君繼娶劉氏于氏子男八人長即不肖道衆
正德辛未進士改翰林庶吉士歷吏部主事員外郎郎
中春坊諭德今以南京國子監祭酒在告先考妣荐被
明恩榮膺顯號皆以道竊禄于　朝得以追崇所生故
也次選義官次遇迴邁适過遺女一人皆今婦于太宜
人所出也迴過遺早卒孫男五人幼康甲午科舉人幼
容慧而夭幼寧幼德幼庚女七人長適曹知府恩之子
佩卒餘尚幼曾孫男二人女一人初府君没道貧且弱
不能卜葬啓先妣之窆而權厝焉已二十餘年矣重惟
體魄弗寧日夕憂懼乃以嘉靖十九年十一月九日卜

遷於城南二里許日衛武之原先考妣居壙中央左附
繼妣劉氏而虛其右以俟顧念藐孤祿不逮養欲報之
恩昊天罔極謹次姓系封秩梗槩刻置幽壤冀慰慈靈
攀慕弗及徒切摧隕嗚呼痛哉

順渠先生文錄卷之八終

順渠先生文録總目

卷之九

碑

傳

墓誌銘

行狀

祭文

祭李冲霄文
陞官告祖墓文
告考墓文
告先室墓文
陞禮部侍郎告祖墓文
告考墓文
告先室墓文

文錄卷九經目敘

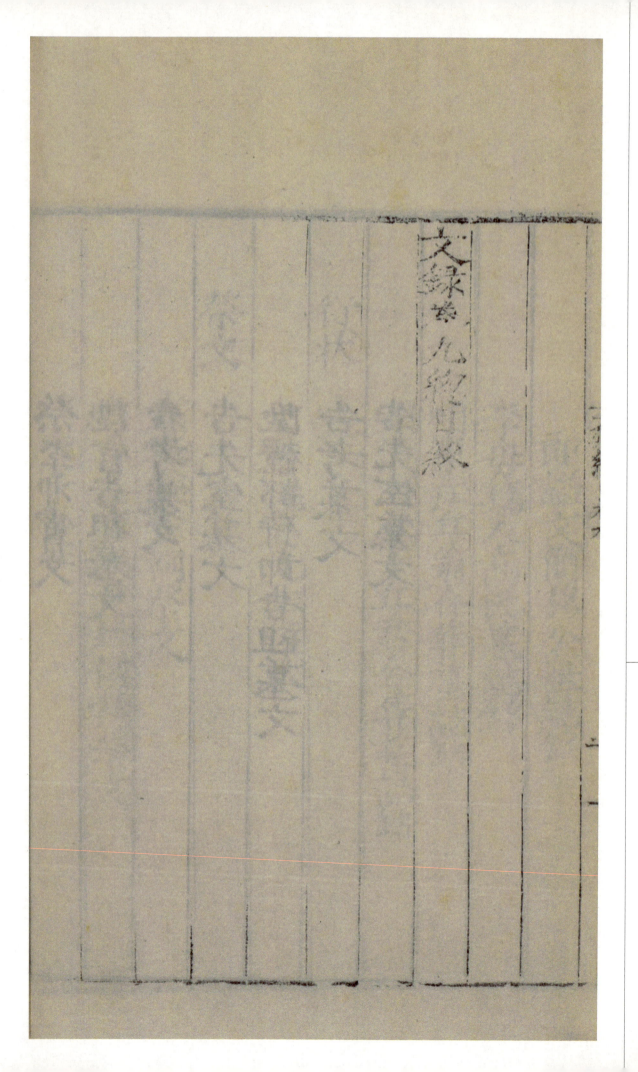

碑

濮州新建　帝堯陵祠碑

帝堯陵見於山東郡邑者凡三而史諜事跡的然可據者惟濮之竹林寺爲最著蓋史記註旣以爲堯塟濟陰成陽矣呂不韋又云堯塟穀林皇甫謐謂穀林即成陽也漢地志濟陰郡成陽縣有堯塚雷澤在其西北杜佑通典濮陽雷澤縣即漢成陽而郭緣生述征記云堯塚在雷澤東南其説皆與史記合則堯陵當在濮境無疑且堯父帝嚳塟在濮陽頓丘其母慶都墓在成陽靈臺

見於皇覽及酈道元水經註及歐陽公所録漢靈臺碑甚詳而酈朱故成今名朱家阜者又丹朱之所葬也族葬之禮上古無有而情則然也堯從夕母子生從堯葢理勢之可推者元人墓碣必有所據然則竹林寺本穀林遺址其爲堯陵也益無疑矣彼其在曹與東平者雖誌載其名官秩其祀求諸左驗如前所云茂之間豈當時穀林之事既泯而傍近居民取其遺衣弓劍藏之以繫其考妣之思也耶然而世遠不敢質言矣

皇明嘉靖甲辰巡按監察御史莆陽鄭公某觀風至濮掇詢故實慨想遺蹤若曰脩葺帝王陵寢邇來

明詔屢頒凡我臣工所當祇奉無敢失墜是故弗爇與東平並祀也廼行曹濮兵備副使王君某分守參議楊君某分巡僉事黃君某轉行所司訂正訛稱封崇夷墟拓其區宇護以周垣仍取佛堂之弘壯可因者撤而新之以為享獻之所田有定額祭有常期凡諸執物罔不簿正遂使　聖帝體魄之藏晦於數千百載而顯於一旦可謂盛矣既又慮其久而或湮也復托三君子具其顛末需言於道以文諸麗牲之石道惟昔之論堯舜者曰我忘天下易使天下忘我難竊以為此非知聖人之盡者也聖人之所以異於人者無他無為而無不為而

已矣無為者道心之微聖人之所以藏諸用也無不為者人心之危聖人之所以顯諸仁也顯斯危藏斯微精而一之斯謂之允執厥中中也者無他無為而無不為而已矣方堯之在位也居衢室隱精神宛心約志以從事於無為篤恭而王天下不施智力而萬國平蓋嘗立於鑾扉而雲生牖坐於華殿而松生棟雲行雨施品物流行誠昔之人所謂範圍易簡權輿清淨者也夫何為哉然而未嘗不為也欽若曆象而日月星辰順其軌所以事天也克明峻德而族姓萬邦致其和所以事人也洪水咨乂而六府三事歌其叙所以事地也而且戰戰

慄慄日慎一日竹帛有銘杅栟有戒達建進善之旌廷
置敢諫之鼓咨芻蕘以成勳收困窮以廣德而又伐宗
膾攻叢枝劘有唐於丹浦屠長蛇於洞庭射十日於青
丘殺窫窳於桑林誅鑿齒於疇華戮九嬰於凶水凡所
以立三極之道除天下之害通庶類之情垂萬世之利
者固已無所不用其極矣迨夫勤倦耄期會阨九六通
變宜民舉舜而禪之位焉宜若屣脫黃屋褫弛蒼生可
也方且豎舜脩壇于河沉璧于洛陟首山道河渚過五
老受圖書歸而賞侯伯封禼棄進禹皐誅四凶蓋亦莫
非存心天下加志窮民之事其最後也迺復有成陽之

遊而始就穀林之木焉嗚呼聖人憂勤惕厲之心真所謂沒而後已者矣夫自其無爲也匪惟聖人能忘天下天下亦且忘聖人矣擊壤老人所謂作息飲食帝力何有者是也夫自其有爲也謂聖人之於天下與天下之於聖人何嘗一日而相忘哉善乎孔子之言曰大哉堯之爲君也巍巍乎唯天爲大唯堯則之蕩蕩乎民無能名焉言乎其無爲者也又曰巍巍乎其有成功也煥乎其有文章言乎其有爲者也執中之妙盡於此矣昔商之祀成湯也頌其日躋之敬周之祀文王也頌其不顯之純是皆發聖人之蘊奧以仰祈顧歆云耳今也聖寢

章新靈爽如在小子不敏敢附詩人之義敬述所聞薦
之祠下如此且再拜稽首而爲之頌曰
粵若稽古惟帝放勳其仁如天其智如神神以藏心
無思無爲用顯諸仁成功巍巍格于兩間立乎三極
誰其尸之不宰之力曰危曰微同出異名惟精惟一
允執厥中是惟道源帝握其紀爰承羲昊俯開姚姒
乾元用九天德出寧知存知亡大器爲公位則不有
道未嘗息二十八載廣運如昔神祖聖伏白雲帝鄉
四海同悲其何可忘頓丘在左靈臺在右鬱鬱穀林
是正丘首閟千百禩顯於我明細札是承中臺之英

豸史經之藩臬營之奕奕新廟濮人成之香幣有常籩豆有踐載韋韔載祈皇鑒不遠數离五典相棄三農富我教我誘我民衷始于一邦終于四海大哉皇仁惟億萬載

傳

王烈女傳

武城有死節女曰王大兒大兒家世賤貧父母皆朴鄙無所能解大兒生不聞姆教長情閨範乃獨閑女則趾不踰閾聲不度垣者十有八年雖組紃之習婉娩之脩未始聞於人人其居固然然無儀矣亦甚異也笄後納

同閈蔡氏子幣未行值劇賊劉七楊虎亂山東轉襲郡
邑大肆淫掠乃正德辛未六月八日掩至武城勢張甚
大兒居適當賊衝有傳賊帥令其衆無入士人室者毋
喜欲大兒往依舍西王先生以避之大兒曰止止兒生
不省識王先生面今可入其門耶亟肩父樊帽衣衣襆
襆闔後戶以其妾養弟婦與大兒年相埒者偕出走賊
望見識其女子亟露刃躡之大兒度不免且罵且趨至
夫氏園有眢井焉大兒躍曰兒得死矣遂投入弟婦繼
之賊知叵得捨去有沒者見之乃轉報他賊他賊喜垂
綆下械出爲好語誘之果縋弟婦以上大兒詬詈不

顧賊怒搬髮尺許亂擲之大兒遂殞井中明日賊去
父母出大兒瘞於井旁哭之慟且數大兒曰狗留婦不
死兒死兒何痴耶狗留弟小名王先生徃曉之曰何物
浹窪產此芬葩死賢不死者萬矣父母稍稍收泣息夆
言然亦竟不知大兒死之爲烈也後十年僉憲江楼錢
子行部至邑刺得大兒事吒曰是與古投崖者無異而
泯没爾爾何以權貞何以鏡汙何以熄亂三典不興責
在觀風乃命縣官爲大兒立祠里門額之曰烈女祠而
鄉人因通稱大兒爲王烈女云
[illegible]論曰余舊與烈女家並居王先生者先大夫槐庭府

君告余故知烈女事甚稔昔官留都嘗與友人婁漁徐子道烈女事婁漁藉甚名許爲傳之江樓既用余言祠烈女而又吊之以詩烈女不可謂無所遭矣嗚呼君爲一女子捐生以潔其身初不祈人之知也而吾三人者鄭重之若此何居

墓誌銘

明封文林郎加監察御史服色王公配孺人吳氏合葬墓誌銘

嘉靖癸未江西道監察御史王杲奉　命將按蘇松訪道于道訂虔諏材亹亹嚮違既而曰吾其遂濟斯乎吾

親耄且病吾圖卒吾養乎如何無何則聞以外艱自按
所歸矣盖嘗請其志於封公而弗許也既服闋則又請
于太孺人許之隨偕孺人戚御史泣拜洪交路賔暘曰
柰何荼毒至此酷耶始吾大人以大義責杲卒使杲抱
終天之痛意萬一於吾母也今若此杲何以生為子與
王子知杲者也能矜恵杲而為其父母不朽圖庶幾杲
也其少蘇乎賔暘曰諾廼狀封公太孺人之行而乞銘
于道賔暘道同志又所因以文于御史者也遂不得辭
按狀王氏世邳州人入　國朝有沛然者生餘干簿釗
釗娶于張寔生封公公諱端字表正初餘干公與張夫

人以廉相繼卒于官公時尚幼業落甚歸郡無以自活
轉客于汶擇婦得吳氏汶人振之女也因遂家汶上其
始至也杋杋一室生計蕭然公夫婦相率辛苦以耕織
自勗拮据靡懈迨中歲家稍稍振然公固性于恬淡非
其力不苟食與衣居泊如也生平恒以少失學爲歉有
子甫齔即遣就傅束脩燈火費有弗給者輒鬻南田續之
曰寧吾匱財無寧吾兒匱于才也鄉人有揶揄公者曰
王進士父來也公弗動顧益勵其子學學成正德丁卯
舉於鄉甲戌舉於禮部公焚香籲天曰天可憑天可憑
王進士者遂成若翁名乃御史也御史公筮仕館汾令公

就養臨汾見其履正操約門無私覿嘗曰讀書不當如是耶己卯臨汾績最天官上乎　朝廷恩所生　詔封公爲文林郎臨汾知縣吳氏爲太孺人御史尋陟今官、今上改元晋公章服與御史同而太孺人封仍故太孺人性慈孝以儉勤相公無敢替亦無敢遂白首肅如也每恨不逮事舅姑曰猶得以事吾母也果蓏有良必嘗諸其母然後嘗終身率以爲常諸孫幼失恃太孺人親顧復之撫臧護如兒女然性喜施遇不能自存者必請于封公差而賙之以故封公晩更以恩信爲族黨所任云初御史有蘇松之行便道歸省值公疾作弗忍離問以終養事請公力疾不可曰王程也汝敢以私稽乎吾疾已差汝亟去御史素憚公嚴不敢違去去未兩閱月而公逝矣越三歲丙戌御史服闋太孺人察其志曰汝父不聽汝留寔遣汝憂今歎毋子相守也何如御史忻然拜命未幾太孺人寢疾御史左右醫藥遑遑者逾月然亦竟弗能起也風木飲痛在古有然嗚呼傷哉公生於正統己巳之三月三日卒於嘉靖甲申之正月十七日太孺人生於景泰辛未之十二月三十日卒於嘉靖丙戌之八月二十九日享年俱七十有六子一即御史杲初娶郭氏繼許氏李氏郭氏贈孺人許氏封孺人

孫男二世雍世熙女一字張梧曾孫男三珩珣瑄女一
公先以卒之次年葬邑東賈北村之原啓窆而祔太孺
人則嘉靖丁亥十一月十日也銘曰田之畟畟杼軸其
抑孰不賤貧我食我力象繡皇皇翟冠孔明伐食我德
繄我義方福履既醜窀穸既偶閟辭幽阡用昭厥後

明通議大夫南京太常寺卿贈禮部右侍郎

謚文簡穆公墓誌銘

嘉靖己亥八月南京太常寺卿玄菴穆公以疾終於家
訃聞士林驚嘆 上悼念經幄儒臣詔贈禮部右侍郎
謚文簡遣官諭祭兼營葬事蓋備數也公子符待處奉

制書經度兆域將以壬寅某月某日襄事先期持太僕
卿李守正先生所為狀裹經踏門謁銘於余因憶昔隨
計吏幸偕公後自是南北宦遊輒得相與過從講習受
益於公者逾三十年晚來各謝事家居方圖合併以究
至論而公不我留矣發其蘊以詔來世固後死者之責
也銘何忍辭公諱某字伯潛玄菴自號其所學也世堂
邑人曾大父弘潞州訓導妣南氏大父彪朴菴處士妣
任氏父清耆儒妣任氏繼黃氏公既貴貤恩初封父徵
仕郎翰林院檢討贈妣孺人繼贈大父父皆通議大夫
南京太常寺卿祖妣妣皆淑人公少穎悟凝重未成童

即文章奇古為識者所器年十八遭母任淑人憂哀毀
嘔血以善喪聞弘治甲子舉山東鄉試第一乙丑登進
士第被簡為庶吉士讀書中秘丁卯授翰林院檢討己
巳預脩　孝廟實録成忤逆瑾意調南京禮部主事瑾
誅還舊職辛未同考禮部會試壬申遷南京國子監司
業癸酉以外艱歸服闋改北監司業學丁繼母黃憂服
闋改翰林院侍講充經筵講官嘉靖紀元壬午主順天
鄉試乙酉預修　武廟實録成陞左春坊左庶子兼翰
林院侍講學士脩武官續黃丙戌主考武舉公凡三執
文柄皆號得人試録出識者輒指其深于理者曰此玄

菴筆也已而果然是歲入直便殿日講公既以經術侍
講足以行也因攄所得發為講義簡明剴切寓誠規諫
聞者皆悚敬焉未幾進掌院事兼撰文官誥敕首導
聖諭崇雅革浮遂定為一代詞命之體庚寅冬十有二
月 上於文華殿奉安先聖先師神位因諭講臣人各
陳經書大旨一章尤要云云以不負所望於是公獨取孟
子卒章發其見知聞知之奥以祗若 聖天子纂承群
聖之志篇末獻言指切時弊則所謂啓沃交脩之實且
前際要之事以仰副聖明之望者也大略謂用人者不
肯體 聖心布公道使私求者易進直道者難容由是

內外大小臣工罔不改操趨時道化未洽皆由于此故
歟用人之得其當在聽言之致其審偏聽則蔽兼聽則
明以一人愛憎之口為人才邪正之據此用舍之際或
有未究於理者矣奏入聞者韙之明年春某月日公已
赴闕候講以陰雨免朝隨衆而回俄聞 上御文華殿
亟馳以趨已不及矣即上章自劾明日得旨改南京尚
寶司卿舉朝駭愕給事中蕭洪上言穆某聖代淳儒留
之左右必足以裨益 聖德不報公惟循省自咎無幾
微見于顏面壬辰轉南太僕少卿癸巳遷南太常寺卿
公德望隆重善類推先自為學士至官太常凡十擬侍

郎皆不果用然益昭輿論之有在矣甲午夏以疾自陳
得致仕歸公自是杜門靜養與世相忘而望實益彰薦
剡交上朝野顒顒冀其復起不幸天不憖遺奄忽至此
嗚呼悲夫公資禀既絕問學尤邃初留意古文詞已嘗
闚其奧矣既知其無益棄不復爲乃篤志正學研窮義
理體之身心其所造卓然處可與儒先君子同不謬于
聖人而公不自以爲足也嘗謂古之人窮理盡性以至
於命今於性命之原習其讀而未始自得之也顧謂有
見安知非汨慮於俗思也邪於是抉去藩蔽力肆恢弘
經訓之外雖世儒所斥以爲異端如佛老者悉取其書

精擇而詳說之以與吾聖人合曰性中固無是分別相也久之洞見道原通達為一嘗論心學之要曰鑑照妍媸而妍媸不著於鑑心應事物而事物不著於心自來自去隨應隨寂如鳥過空空體弗礙觀此則公所得信乎玄矣故其見之行也無事矯飾而中正純懿自中禮則孝友之實取重鄉評忠信之德孚於朝著在南雍時父封君適患風疾公左右醫藥食寢俱廢及卒柴毀骨立殆不勝喪道與汶上路賓賜賞相其禮每見未嘗不為之流涕也後喪繼母亦如之有弟八人皆相繼夭逝公哀悼之久而不置子其孤遺皆至成立宗鄗姻友媏

睦罔至不以貧格恩教人每冀以和人樂親之故及門之士多所成就立朝雖久而位不稱德未究厥施然志操雅正宇量深沉當事變揮霍波瀾反覆之際人多不能自持公處其間超然無預確乎不移泊如也同時縉紳無問趨向同異咸宗仰之以爲不可及知德者至擬諸程伯子云晚年病脾不能食者數月而神志益清文思煥發皆寫其自得之妙有塵垢斯世遨遊太清之意其於死生去來蓋亦脩然庶幾孔子所謂聞道者矣公所著述有讀易録尚書因學前漢通紀諸史通編遊藝集各若干卷其大學千慮玄菴晚稿則病筆也生成化

巳亥正月十六日享年六十有一元配張封孺人贈淑
人繼配周封淑人子男三長箕早卒次符郡學生質厚
而文志擬科第以振家聲故讓廕于弟人皆賢之次筌
廕為國子生女二長適國子生劉孝孫次適生員張綖
箕符二女張出筌周出也墓在城北之原銘曰大化相
扶一有一無寔同厥初兮初維道原希夷渺綿玄之又
玄兮玄德軋沕蛻形與質反流全一兮流而續紛各私
其群道術乃分兮不合不公蛙鳴蟻攻邈焉玄風兮不
有碩儒孰廓其區孰握其樞兮於休先生清靜為正微
妙玄通兮脩之于身其德乃真百行肫肫兮蜚英玉堂

軼經　帝傍　帝曰汝良兮史準春秋言代殷周黼黻

皇猷兮兆足以行臣弗敢成孫於留京兮夷險升沉

不我能煩我玄固存兮浩然東歸王蘊山輝有聞如雷

兮天不憖遺哲人其萎殄瘁興悲兮訃悼　明廷須卹

易名始終哀榮兮朝聞夕滅殁有不忘公歸無鄉兮穆

穆太清神其上征遺魄斯寓兮埋石幽阡詔億萬年曰

此玄菴兮

李母孺人高氏墓誌銘

古者內言不出外言不入而後世乃有列其行以特銘

於墓者何也君子曰夫各有所當也古之所云壹行之

正也世世之所為孝子之情也人子知其母之德善遺於
恒人而不能發揚以昭示後人豈其情也哉武邑大行
人李子朱氏之求銘其母高孺人也其懇至於四五至
弟懈益虔而余亦不得不終諾之也蓋以是耳按子朱
所自為狀孺人之先洪洞人大父俊始占籍武邑父岐
博雅厚重為邑碩儒仕山西訓導母張氏生五女孺人
其次四也幼貞而慧閑於姆教組紃之巧出諸儕輩上
小學女誡暨四書大義聞之家庭者輙耳熟之訓導君
無子每鍾其愛於孺人曰是即吾子也可謂淑女既長
訓導君為擇配得邑之彥曰李天誠甫者歸之即貢八士

君諱好實先孺人一年而卒歐陽太史所為銘其父者
也孺人始歸逮事姑嫜竭力滫瀡蕭勤紡績以裕其家而悦
親心貢士君輟内顧焉可謂孝婦貢士君遭家中落厄
于生事孺人恒解之曰闔以内有妾者在幸夫子無分
志也自是拮据勤儉再振其業賙卹之恵洽于里閭雍
睦之愛愜于宗戚而貢士君果得巋意問學以成其名
以施及後人皆孺人内助之力也可謂良配孺人生四
子親撫而教之期各底于材伯孔嘉以例入太學仲孔
厚季孔時皆儁秀異孱其叔曰孔陽者方襁抱時孺人
獨心異之口授以學庸論孟至年十三始遣就傅于外

曰是與凡兒不同恐其發見異物而遷也孔陽果夙成以甲午鄉薦舉戊戌進士才俊望一時乃行人子朱也子朱釋褐之先孺人從貢士君至京師親觀厥成焚香籲天曰吾志酬矣其卓識如此且歸其女一於宋縣丞子朱易鞠其孫養浩養賢養正養中養材孫女七之在堂者於膝下嬉嬉然有頷孫之樂焉可謂慈母夫為女而淑為婦而孝為配而良為母而慈孺人之行庶幾古之所謂女士者矣家慶方隆榮養聿始而命運促迫奄忽傾背寔嘉靖壬寅九月十三日也距生成化丁酉十二月初七日享年六十有六次年三月二十九日啓貢

士君之窆而合葬焉風木歆恨今古同悲此余所以哀
子朱子之志而勉焉次第其事銘之如左云銘曰虎闈業業
夫卒其業伊内相之協龍榜央央于斐其英伊慈訓之
承壼儀周矣福履遒矣胡以不少留矣雙玉同藏濬發
其光維百世其將之

明東莊丘翁合葬墓誌銘

嘉靖甲申二月七日國子生丘資與其弟貢卜合葬其
親于東莊西北隅之兆前期謀謁銘于予懇亟得請乃
以予客羅君琮為之先容未及諸則已衰服持其邑宰
張君所為狀造門矣諗之曰人之歉顯其所生者恒借

譽於銘然以善私親者誣也以言殉人者諛也誣與諛
君子弗由也銘匪徵也其難矣哉二生泣拜曰然吾無
以葬吾父也惟先生哀之復諭之曰古者中饋之閑無
非無儀婦人而殉以私誣且諛有大焉者銘婦人而匪
徵也其尤難哉二生又泣拜曰然吾無以葬吾母也惟
先生終哀之乃取閱其狀狀曰廣平清河有義士者以
丘為姓以瓚為名以廷器為字以山為高祖以均亮為
曾祖以伯達為祖以元禮張氏為父若母以周為正室
以高為繼室以高之妹與項為側室以高所出資項所
出貞為子以馮氏杜氏為子婦以田為孫以白氏為孫

婦以適史景陽者爲女以適典膳孫坡尹翼聘白氏及
幼在室者爲孫女早以義爲官晚以座爲號則所謂東
座翁者也問諸羅維君曰然然而可以徵世矣狀曰東座
翁之爲義也傳人之誦翁也諦諦其幹則傳者附矣頌
於庠序曰嘗出粟二百石以貸吾師生之歉也頌於宗
黨曰嘗分田以給吾儕之無恒業也頌於里閈曰嘗以
粟布活吾數十人之阽於莩也頌於行旅曰嘗以貲通
吾徃來孔道之隘也頌於縣吏闔境之士民曰嘗以齒
德尊吾鄉飲酒之席而益謙卑也五頌者義之餘也問
諸羅維君曰然然而可以徵行矣狀曰東座翁少而志儒

長而業農志閨而亨後業碩而謝紛以是沒身焉將卒前資首田而刻之曰力耕苦讀先業是屬書香是續勗哉孫子無忘吾囑可謂敦篤矣問諸羅君曰然然而可以徵教矣狀又曰高夫人之事翁也紹問以滌養親以孝廣拿以豫逮下以不妬忌撫子女以慈與嚴而頊之事之也以恭人皆賢之問諸羅君曰然然而可以徵妻道矣可以徵妾道矣可以徵毋道矣是故世源而行行厚而周教質而文可以徵外矣妻從而慮妾承而成毋儀而仁可以徵內矣徵斯信信斯公信則匪誣公則匪諛可以銘矣乃叙其年而銘之翁之生以正統辛酉二

月十四日卒以正德癸酉七月二十六日享年七十有
三高夫人暨項與翁偕老夫人卒於丙子十二月二十
一日年加於翁者三項卒於嘉靖壬午九月七日年不
及高者一周歸翁未幾三十年年僅四十二至是咸祔
翁墓銘曰財以裕人義以裕身匪寧裕身裕其閭門榜
木纍纍螽斯詵詵東崖之原有隆者墳徵斯銘斯慰其
子孫孜德者誰視此刻文

明清河處士丘君合葬墓誌銘

廣平之屬邑曰清河者古燕趙南徼在　國朝為畿輔
善地慷慨餘俗猶有存者而含孕道化則又為最深且

文以故民生其間勤生而好施恬取而急難往往以義
烈稱蓋其古今習尚然也異時是邑有羅吏目倫者從
事予于銓部嘗得其祖子孫三世之賢賢之既而因羅
氏又得其婿友丘氏焉丘之望二曰義民廷器曰處士
勢大二君皆能謹身力穡饒其家貲爲鄉鄙所任皆能
敦儒善教成其子爲大夫士所禮而爲之子者又皆績
學飭志以圖各顯其親爲孝其他行業聲稱大抵皆埒
也予家食時義民之子資貢嘗介吏目父琮謁文以銘
其墓今年夏吏目復以裹絰二生見予于長安邸曰此
處士子宜與啓也比聞其母史孺人訃于太學且歸奔

誅啓處士窆之合而葬之矣惟是壙中之石敢徼惠于侍
者謹稽顙以請予以疾弗任筆硯力辭去明日又至則
人辭之二生三請不獲而奔乃委草吏目吏目亟造吾
廬拜且祈者數月最後懇曰二君生同族行同賢其子
之請之勤又同也許其一而靳其一夫子之施頗矣恐
無以勸為善也予不得已乃按高進士琦所為狀稍稍
次第其事銘之君諱昂字勢大其字祖仁德父景高母潘
氏娶于史即孺人也子男五長官典膳次宦承差蚤卒
次宜次寄次客宜客國子生前所云績學篤志禮于大
夫七者女一歸楊仁孫男四仞九恩九歌九畯女十

二俱幼君享年僅五十又五生于成化乙丑卒于嘉靖癸未五月十一日孺人後君三年丙戌五月二日卒年六十葬之期為是歲冬十有一月丙申君世農未嘗學問而天性甚篤為侍父母疾寢食輒廢急人若己不忌其後正德初有戚畹怙勢強籍邑田為莊坐失業者嗷嗷君倡懟于 朝弗克直至逮詔獄不動既而聞其父以侍病始泣禱曰昂為義犯難死不惜惜感吾親耳夜有神見于夢曰爾無憂爾父其瘳已而果然鄉人有罪不至死而無所于贖者為出金贖之且却其謝曰汝能改行即所以報吾用是為也歲飢則賑其不能自存者

以為愒諸咸史孺人有以相之然孺人不自居也嘗曰
婦惡牝晨梱以外有吾夫君子者在我其豫內乎故終
其身無以非儀見狀所云止是是其可銘也已銘曰孝
神所歆義人所任孰曰不學燁以善閭子承其外婦儀
其內孰曰不仕與仕者類我銘斯人擬誰其倫燕趙豪
士太平逸民

行狀

先君槐庭先生行狀

嗚呼正德丁丑夏四月朔先君不幸遇盜于家中創越
六日疾作家人四出迎醫至則莫能救遂不起寔是是月

十日也嗚呼痛哉時不肖孤道守宦京師方以疾在告初聞變亟遣人馳省因以書嗚于兵備憲副原公乞之討賊訃繼卒至魂神隕越五内崩割即日力疾歸奔叩地號天無所逮及嗚呼痛哉既原公遣使來吊知賊悉伏辜閱三月親朋咸來乃議葬事擇地卜日矣道痛惟先君蓄德未施宜食厚報而所遭乃爾寔不肖行負神明所致又不能以死從地下惟有揄揚先美以昭我後人庶少泄憤懣萬一乃揮淚援筆掇生平履歷大槩譔為行狀以求銘于有道君子用圖不朽嗚呼痛哉先君諱　字　號槐庭先燕産也元末避亂于登之萊陽

洪武中始徙武城曾祖　祖　父　嫡母
張氏母孫氏世隱德于農初先嫡祖母張屢誕弗育年
幾四十矣謂先祖曰絶後安乎先祖曰情人不自保以
妾乘妻如恭恭者吾亦不安也張曰是不在我乃自脱
簪珥行媒納吾生祖母孫遂生先君先君幼頴爽端厚
嬉戲不類群兒八九歲有術士陳姓者見而異之謂先
祖曰是他日當大翁門盍教之讀書先祖曰方在覔師
其人曰幸不鄙頗留為公句讀之何如遂館穀于家先
君旦夜與同居宿受其業服習不懈一年能誦孝經大
學中庸論語兼通其意大陳辭去先君皇皇如有所失日

取故業温之父益精熟欲俾進不能憤悱甚見于顔面
先祖察其意謂嫡祖母張曰村㽣中非所以居吾子吾
又不能舍穡事而之城府則柰何張曰是不在我即解
所佩家鑰付生祖母孫曰善事吾夫吾往教吾子矣遂
携先君入城擇師而遣之先君始得盡肆其力於學夜
以繼日亹亹不倦嫡祖母張欲節其勞不得則每夜分
紡績以伴之先君益勸勤初習易習詩後聞鄉先生李
從龍治書頗有源委遂往從之故卒以是經鳴鄉校較
場屋出其緒餘施及我後人年十六娶先妣次年補邑
弟子員聲籍籍在流輩上前此先祖以門户故歲役于

官者三之一先君曰今而後可以代吾父勞矣乃身任之凡賦輸差遣里胥追呼之擾一不以聞先祖先祖自是足跡不及官府蒼顏白髮優游吠畒者餘三十年鄉里頒白之負戴者遭詬捕苦笞扑者咸稱願其子曰安得如王秀才云先君性仁厚孝友家庭間恒遭人所難皆從容處之無藏怒宿怨意既生受嫡祖母張教育恩暨先妣入門又毋事之益得其懽心自是母子姑婦茂樹慈愛藹如也間以是頗失愛于生祖母孫先君委曲曉譬不敢伸已以矯拂之雖未得即底于豫卒以無事當其時或曰此無他坐君事張過厚故也盍少示踈薄

以自明先君曰悅親有道毋一也而戚踈之吾不忍也且吾祖宗血食不絕如綫吾嫡母寔續之吾非嫡母無以有今日嫡母無出非吾何以終餘年正使不幸因此獲罪于母氏吾何敢易吾心吾求無負吾祖宗焉耳矣聞者嘆服同産弟瑄甫七歲生祖母孫即為求異居指田之荒蕪者謂先君曰某先君曰唯唯指屋垣之頹敗者空者曰某先君曰唯唯先君披荊棘冒風雨懇樹營表稍有業次生祖母孫曰某田某樹某屋某畜皆當歸于瑄先君則又曰唯唯鄉黨耆長厚能處人事者咸爭之不得先君裕如曰吾順吾親足矣他不暇校也暨瑄

長先君身覆翼之將持保護無所不至故吾叔瑄自生
至於今未始一毛經不如意事人皆曰王公之於其弟
也可謂愛之如父怙之如子矣有私其弟産又侵損之
者輒譏之曰王先生也耶先妣早世不肖孤道與選方
在襁褓嫡祖母張氏鞠育顧復心力瘁焉道稍長先君教
之督課甚嚴或曰公可謂愛而能勞矣第外人不知恐
免有尹吉甫之疑柰何先君泣曰吾獨不念此顧此兒
資性稍慧而挑闥豨之約之自今庶幾成立否則用其
聰明以為不肖亦將無所不至矣吾雖欲避嫌吾何忍
哉道卒賴庭訓得不大僨衆始翕然服先君之慈之明

至有大書揭于廳事者曰教子當以王公為法云弘治甲子金陵矩菴陳公視學吾邑道過蒙與進名適與先君相次矩菴驚喜曰吾固謂當有是父也是年道叨舉于鄉榜出先君一見輒俯首泣下朋輩曰公喜極而悲乎先君曰否先公去時是兒方五歲泉下豈謂有今日哉語畢益歔欷不自勝聞者咸嘆焉後道在太學時忽感疾醫有董姓者來視曰疾甚藥能殺其勢耳必尊甫公至乃愈居數日先君果至醫復來一診輒賀曰尊甫公至矣病退矣先君問其故醫曰令子得疾于客思親盛心勞火旺邪熱上炎見公則心既悅懌氣亦平復故

可診而知也先君曰何以測吾至醫曰以念子思之切則
公愛之深矣以是知公之必至也衆服其有識道疾果
瘳嗚呼道少失母慈非先君撫愛之篤委溝壑久矣當
是時年已二十先君視之無異在襁褓也嗚呼痛哉正
德辛未道舉進士先君悲喜加于前是歲適山東盜起
先君倉皇辛苦將親避地遂丁先祖憂明年道以家忠
故自庶吉士乞應天教授欲奉先君之官先君不可曰
汝祖在淺土吾情事未伸豈容遠去汝扶汝祖母行矣
道不得已奉嫡祖母張而南又明年盜平先君始克襄
事先君幼績學有聲意科名可立致中厄數奇屢不得

志于有司又更家累俯仰渠渠至是有倦休意服闋人
勸之就試先君嘆曰吾命與名相違自知之幸有子承
吾志足矣不復能強顏與少年輩逐逐較一日長也遂
以儒服隱居于鄉手植槐于庭因以自號自是安貧樂
志躬課耕稼暇與田夫野老衎衎往來談笑竟夕宴如
也蓽門茅屋豆飯藜羹不以介意後暨道改官吏曹先
君益韜退避不以一毫勢力動非公事不入城府縣宰
饒某者慕其賢必就而見之乃見或甚之曰公欲為澹
臺滅明乎先君笑而不應初鄉人有事於官意先君能
軒輊之于者頗衆先君每婉辭却之後有以賄來者先

君曰是將敗吾事不可長也乃矢于衆曰家世賤貧無
富貴分惟願父子共守清白以光門祚所敢有越厥志
以一錢自汚者天誅吾一子自是聞者凜然始知先君
之果不可以非義遷也嫡祖母張居南者二年年八十
有四矣先君憂之遣選迎以歸色養益隆乙亥夏道以
改官北上便道歸省先君喜甚每日夕供張招集親賓
為樂酒酣輙歌今樂府數闋棊奕壺矢縱横交錯道承
歡者踰月臨別語及出處事先君曰仕止久速各有時
義汝自知之吾得一封足矣道泣拜而行嗚呼言猶在
耳庸詎知其為終天之恨也嗚呼痛哉嗚呼痛哉丙子

秋道自京遣書來迎先君以嫡祖母老病不果行未幾
嫡祖母見背先君哀毁盡禮先君事嫡祖母終始無愆
頗埒其施鄉人稱之至今曰嫡母庶子相忘相愛如王
氏者人所難也先君器度豁大與人交不設城府無大
小貴賤咸樂趨之惟惡惡過嚴雖在戚近不少假先是
族人森父子怙其壻爲盗勢暴於鄉先君怒曰是將辱
吾祖也欲寘之法其人懼佯革面以求容寔陰蓄叵測
先君未之覺也是年春森有所要不遂嘖嘖出怨言聞
者勸爲之備先君曰物猶有耳盗亦人也獨不聞吾之
貧如此哉森雖欵作孽其孰從之不聽居無何森果嫉

其壻卒搆是禍嗚呼痛哉先君仁以睦親和以畜物煩
以律已静以避炎行諡之美不在今所謂賢者下雖未
及施于有政然即其修之身與家者如此用可知矣壽
考遐福先天之所以待善人者使盡得之亦不為過而
蒼蒼無信用爽厥施乃如此此道之所以號呼隕絶歎
訴之天而無由也嗚呼痛哉先君生成化辛卯享年四
十有七元配李氏即先妣也同邑巡檢公之女柔静貞
黙婉有婦德事先君六年而卒繼劉氏于氏子男七人
長即不肖孤道以選與道同出次遇迥邁适過女一人
皆于出也孫男二人幼康幼容女一人先塋世遠地域窄

別為兆于其右偏卜是年十月二十八日啓先妣之墓而合葬焉嗚呼自先君歿邦人驚悼咨嗟舉歸于為善之報而小人者有所籍口因益肆不逞道為世懼竟抑荒迷罔知攸措伏惟君子矜而賜之銘昭潛德以慰慈靈定天人而祛群惑以少紓藐諸孤之思則為惠大矣詩曰孝子不匱永錫爾類惟高明念之謹狀

祭文

武城鄉賢祠祭文

知縣王溥奉巡撫陳公命請作下同

維年月朔日武城縣知縣某等謹以牲醴致祭于本縣鄉賢之祠而侑之以文曰嗟地靈之滙秀兮羌有開而

必先荷修名其既立兮亦孰盛而弗傳矧茲邑之清淑兮際鄒魯乎山川挹丘軻之餘韻兮固自昔而多賢慨前修其日遠兮吊芳躅於遺編歷來者之有聞兮企接武乎英躔卓俞侯之姱節兮忠與孝而俱全（趙懿）何太傅之知類兮昭六籍於言詮（崔靈恩）世紛紛其尚同兮廷尉子乎靜（崔顥 崔光韶）彼史筆之洵直兮雖闒茸其何懲（崔浩）肇李唐之造室兮寔大理之桓桓（孫伏伽）繼之者豈無人兮張公孝友而平寬（張文瓘）矯清河之耿介兮肯附麗乎時權（崔隱甫）在吏部伊何修兮昌黎至擬諸青天（崔群）嘻吁乎臺察獨名于一代兮哀有宋之南遷（馬默）天地閉斯賢人

隱兮竟寂寞乎胡元迨　昭代之撫運兮間氣離而復完昌期會五百載兮時則有若三臣（叶禪）咤參藩之殉節兮尚無媿於巡遠（叶元）（劉昱）政循循而行慥慥兮春卿雅重乎朝端（王士嘉）榮名高爵歆艷乎里閈兮至少師而終焉（吳中）嗚呼休哉十二公兮後先相躍若星辰（叶禪）啓佑乎此邦之人兮奚啻若水木之有本源尸而祝之兮在禮則然惟仲（春秋）之吉日兮穆將愉乎神筵俎豆儼其輝光兮駿奔走乎衣冠跽陳辭而薦誄兮冀昭格之弗慳　尚享

武城名宦太尹姚侯祠祭文

維年月朔日武城縣知縣某等謹以牲醴致祭于太僕寺寺丞先武城大尹姚公之神曰畜我汸汸侯在琴堂氏思侯斯媿召之棠觀我與與侯在黌序民思侯斯過言之緒琴堂在後黌序在左翼翼新祠繫侯斯妥丕顯哉續丕承哉心慰我民思永歆報忱　尚享

祭魏子貞文

維年月朔日眷生國子監祭酒王　謹具牲醴果肴之奠遣子幼康致祭于亡友肇昌府通判魏子貞先生之靈曰嗟嗟子貞維鄒之良資材英秀字岸昂藏種學衡門蚤馳聲于場屋觀光上國晚卒業乎膠庠霧隱南山

豹文已變風搏北海鵬翼初翔花縣分符政成受知于豸史桐鄉遺愛寵錫煥賁乎龍章顧士元之才不止百里而海隅之康實賴王祥西邁已勤于鞅掌東歸將遂乎猶徉胡為不淑罹此非常蓋難逃乎定業豈自立于巖墻嗚呼哀哉旅櫬飄搖依舟旋而言旋故里孤嫠慘楚望素闈而號慟窮蒼傳業無兒悲同伯道承家有女僅類中郎是或一門之苦茹而實為四境所酸傷也道也少同硯席白首頡頏義均骨肉痛訣參商留于窀穸之在即值吾苫塊之方將哭寢堂而未遂寓薦奠乎哀腸嗟嗟子貞歆此一觴嗚呼哀哉　尚享

祭李冲霄文

維年月朔日國子監祭酒眷生王　謹以羊一豕一庶品清酌致奠于　故表叔李冲霄先生之靈嗟嗟冲霄生死契闊一紀于今言念宿昔實勞我心憶余與子生同里閈世締絲聯分投金斷吾少也賤樵牧相依以嬉以遊如同隊魚頭角漸竦藝業亦隔我勤簡編子事居積子商而裕我宦而貧割少分其子惟我親我執親喪匍匐救我弔死扶傷非子誰可我嬰疾疢付子以身豈無他人棄我如塵交父情深形忘誼切子曷不淑一朝永訣子少妻單伏枕遺言臨歿托我摧我肺肝經紀十

年仁存義拘項領成兒氷霜屬室付託既効我心亦安
子如有知庶不子懟窀穸有期益增悲愴叙述平生用
慰泉壤嗚呼哀哉　尚享

陞官告祖墓文

道仰承世德竊祿　清朝福過災生分甘止足向以南
京國子監祭酒謝病而歸已十三四年矣邇者荷蒙
聖明求賢圖治搜訪遺逸二三臣僚祗承　德意猥以
道名上塵　天聽復叨誤　恩起任南京太常寺卿地
望清高祿秩優厚自顧庸愚何以致此是固　先代慈
庇之所及也水木源本佩服曷勝　詔命臨門卜日就

□□□松楸□深感愴恭薦菲儀用申虔告伏惟 尚
享
告考墓文
道祗承 嚴訓云云 同上榮養弗逮追慕曷勝云云 同
上
告先室墓文
自予從仕三官留都偕予和女惟予與俱始也膠庠官
卑禄薄守道安貧予惟我君督其尋往國學巖巖嚴子不
我奉惟義之安謝病歸田相期白首不弔昊天奪我良
友我今 詔起往涖奉常惠而相我誰與同行慨昔音

容言念疇昔一觴告辭鑒我衷曲 尚享

陞禮部侍郎告 祖墓文

道承籍世德竊禄 清朝去歲叨承誤 恩起廢于家徙任南京太常寺卿既已告墓而行莅任未幾陞南京户部右侍郎又未幾再轉禮部右侍郎掌管國子監事未及半歲超進三階既佩宗伯之清銜復領成均之要職匪直儒臣之至願而寔 聖代之殊恩也自顧庸愚何以致此是皆 先世陰功爵積發于不肖之身道敢不益竭忠勤以光泉壤便道歸家再申虔告伏惟 尚享

告考墓文

道祗承　嚴訓云云　同上特方數月官已三遷踐司徒典樂之官冒宗伯成均之重是乃儒臣之極選而實昭代之殊恩也云云　負荷弗堪隕墜是懼夙夜無忝所生恭薦菲儀再申虔告伏惟　尚享

告先室墓文

道晚通　朝籍自南復北昔爲太學生或爲郎署也實與子偕今爲卿貳且爲太學師而子逝矣風景不殊而幽明永隔崇卑異趨而情好莫申人生値此感愴何如一觴告別子其鑒之　尚享

順渠先生文集卷之九終

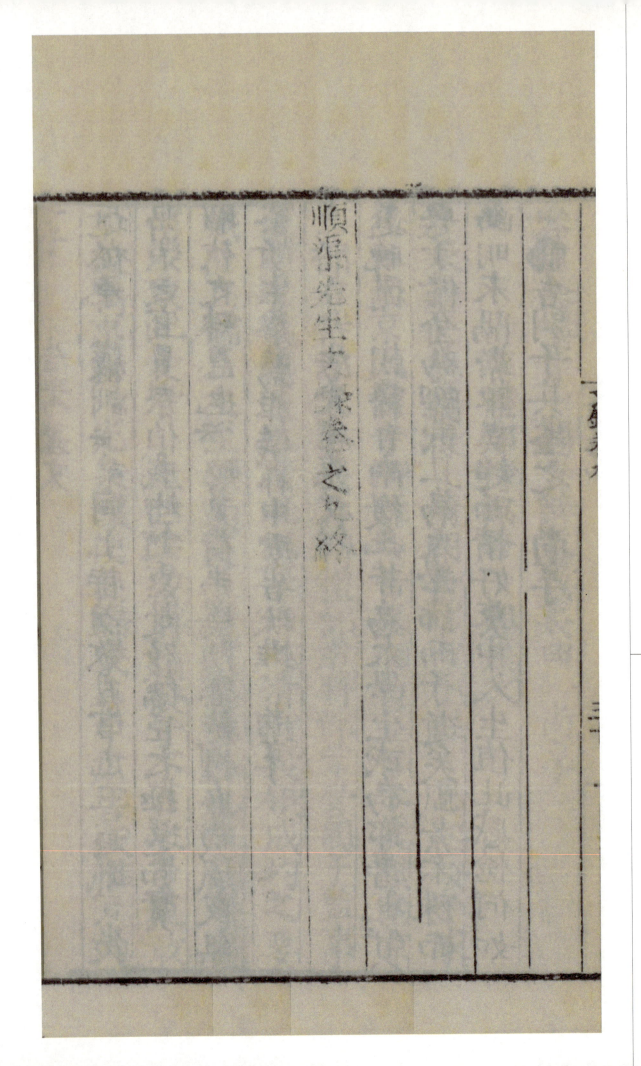

卷之十

奏疏

文錄卷十總目終

順渠先生文錄卷之十

奏疏

稽勲擬乞休疏

奏爲病廢不能供職乞

恩致仕事臣竊聞隋尚書高世昌有言曰祿不須豐妨滿則退身不待老有疾便辭唐宰相陸贄有言曰聖人愛人之才採其英華而使之當其茂暢而獎之不滯於已成不致於必敗臣嘗因是論之用人者能採擷其英華而不懷妬賢嫉能之私則官皆得人岩廊流師穆之美陳力者能止足於老病而不爲貪

進苟得之計則士皆知義縉紳崇廉退之風治古之
世九德咸事四維畢張率此道也仰惟方今
聖明御極賢知奮庸用人者拔尤而取耻惟常格是循
而用於人者亦各思脫穎而出耻以常調自處小大
臣工亹亹向進奚啻如贄之所言者而臣以疵賤乃
獨不幸命與時違精華耗竭殊無可取之才疾病侵
尋徒抱當去之義迫不得已敢附世廉之誠而冒為
乞身之請伏惟
聖慈矜宥萬萬竊緣臣受氣甚薄賦命尤蹇屢歷家艱
積憂成疾恰足以入仕逾貳拾年服官僅拾餘載中間

守制養病之日居其強半前年服闋叨補今職黽勉
蒞任以來扶衆補羸僅不大僨不意今歲夏秋之交
感冒暑毒洞泄大作元氣益虛舊患痰火風眩乘之
舉發攻衝頭目延及四肢精神恍惚而思慮每至於
遺忘手足戰曳而行立不免於偃仆自捌月至於今
日趨朝辦事者僅壹貳旬而就藥臥床者乃數拾日
曠廢職業虛縻廩食匪直義不自安蓋亦法所難貸
者臣查得本部見行事例凡自願告退官員不拘年
歲俱准致仕又查得先年禮部郎中都穆戶部郎中
楊亘俱以部屬致仕與臣事體相同但穆等資深望

著故得加陞職銜以榮其歸臣非其人不敢妄擬如

蒙

勑下吏部察臣實病不能供職照例准臣止以本官致仕使得齎其殘骸歸正丘首臣不勝大願萬望謝事之後福臧而壽稍增心閑而體差健臣尚當督耕鋤以供輸租賦勤經行以化訓鄉閭用紓畎畝餘忠少答涓涯洪造必不敢偷生苟活坐為

聖世之蠹也臣無任激切祈懇之至

辭諭德第一疏

吏部文選清吏司郎中臣王　謹　奏為患有疾乞

恩辭免陞職放回調理事臣近該輔臣方　奉薦節奉
欽依覽卿奏具見薦賢爲國至意王道着吏部量陞翰
林春坊相應職事欽此續該吏部擬陞題奉
聖旨是王道陞左春坊左諭德欽此臣聞命憂惶莫知
所處竊以春坊諭德乃　東宮侍從之官而又與翰
林儒臣均史館　經筵之責地望清嚴職司重大
朝廷所以禮待名流儲養台輔者也苟非其人豈容濫
預如臣愚陋雖忝甲科實慚學問文章經術皆非所
長加之賦命迍邅素多災疾入仕逾貳拾年服官僅
拾餘載憂病在告之日居其強半比着承乏選曹日

困薄領事與心違勞以憂積感動痰火舊疾每一舉
發輒眩瞀僵仆久而後甦坐是曠官廢事衍愆悔已多
徒以郎署常職猶可黽勉支持今乃誤塵薦剡叨轉
華階量能度分誠有大弗堪者蓋簿書之技既不足
以資啓沃而効編摩衰病之軀尤不宜於班 內廷
而侍經幄若使冒昧而居必致顛隕以去上負
聖明簡拔之恩下為大臣明揚之玷罪累深重何以自
贖此臣所以憂惶無措而不得不瀝懇以控辭也伏
望
聖慈矜察收回

成命仍

勅吏部査勘臣病是實准以原職放回調理稍候痊愈

即前赴部聽用臣既得安分守之宜則自當竭犬馬

之力矣臣無任戰慄祈懇之至

辭諭德第二疏

吏部文選清吏司郎中臣王　謹　奏爲懇乞

天恩容令辭職養病事臣以輔臣方　論薦誤蒙

聖恩陞授左春坊左諭德臣自揣弗堪具本辭免奉

聖旨王道已陞用了不必辭擾吏部知道欽此臣聞

命隕越進退莫由情事迫切輒敢冒死毋干

天聽臣竊聞用人者貴因才而授官効用者當陳力而
就列才力弗支冐非其任則政體有虧而廡耻道缺
矣所以虞周命官每每聽其辭讓匪直崇師穆之風
亦因以審用舍之宜也臣之文學才行不足以當侍
從論思之選前已具陳至於夙抱痰疾積有歲年每
遇勞思過度之時或在朝行久立之地必致虛火上
炎攻衝頭目心冲體戰氣塞神昏急投藥餌方得少
差常時皆然而近日尤甚蓋自入夏以來觸冐伏暑
綜理銓務之所感也長貳僚寀所共知見臣愚豈敢
自誣今若過不自量叨領清秩將來有撰述之責必

不能摛詞掞藻以敷闡
皇猷有勸講之責必不能覃思研精以發明聖蘊而又
班聯玉筍更侍金華
天威所懾舉動周章必不能左規右矩以羽儀　明廷
有一于斯皆獲大戾至是而始咎其不度無恥處非
其據殆亦晚矣伏望
皇上俯察愚悃與其罷能之於既用之後不若擇之於未
用之先容臣辭避前職放回原籍養病他日別加任
使以責後効庶大臣所薦雖不得經明行脩之士猶
不失安分知恥之人其於事體頗為穩便臣無任震

惕待罪懇切之至

辭諭德第三疏

吏部文選清吏司郎中臣王　謹　奏爲陳情終乞辭職養病事臣以輔臣薦舉叨陞左春坊左諭德臣自量菲才多病不能供職兩次具辭節奉
綸音未賜
俞允臣伏念疵賤小臣進退辭受無關大體乃敢累瀆
天威罪當誅斥仰荷
聖慈矜容震疊彷徨莫知所處屛伏潛思又經數日矣惟是一念不敢自安之情委有不能已者敢復昧死

終一陳之臣竊惟
朝廷以名器為重不輕假人以不次之官而人臣惟義
分是安當致謹於非分之獲春坊諭德清近要職必
由及第進士與庶吉士作養有成者先授修撰編修
等官歷任年深積有勞効然後循資遷補此
累朝以來用賢令典其選甚重其格亦甚嚴也臣本郎
署流品不同又屬凡才器幹尤劣一旦誤蒙不次擢
厠清華踰其涯分正使力足勝持猶當以義辭避况
復多病難支如前所陳叨竊名器誠有不能一朝安
若此臣迫切至情豈敢過為矯飾伏望

聖明曲成萬物器使群材
赦臣煩瀆之罪察臣真實之情容令辭避放田養病臣
不勝悚懼祈懇之至

辭祭酒第一疏

原任吏部文選清吏司郎中臣王　謹　奏為乞
恩辭免陞職事臣於嘉靖十一年九月内誤蒙輔臣方
奏薦由郎中
欽陞左春坊左諭德臣自量菲才多病不堪侍從要職
累疏具辭節該吏部覆題擬暫放田籍養病候有在
京相應員缺推用奉

聖旨是欽此將臣送順天府給引照回原籍養病間今
於本年六月初七日接到吏部文憑一道
欽蒙陞臣南京國子監祭酒臣當即望　闕叩頭謝
恩訖竊念臣章句腐儒即署常員文學行義無以踰人
而品格年勞又不出衆仰荷
聖明採録超授師儒清秩臣分當竭誠圖報豈敢飾虛
固辭但思祭酒與諭德官階相聯職任亦埒諭德有
論思之責而祭酒司風教之原皆當妙簡儒碩庶幾
不負任使臣之才力凡庸自知甚審既不堪諭德之
選又豈能勝祭酒之任若使冒昧而受竊恐瘝曠難

迯伏望
聖慈矜容佳臣辭避前職照舊養病痊可之日給文赴
部别聴隨才叙用臣不勝犬馬至願
辭祭酒第二疏
南京國子監祭酒臣王　謹　奏為貧病不能供職
懇乞
天恩容令休致事臣原籍山東東昌府高唐州武城縣
人由進士歷任吏部文選清吏司郎中嘉靖拾壹年
玖月内該太學士方　奏薦
欽依改授左春坊左諭徳臣自揣不才又兼素患痰火

虛章等疾累疏控辭吏部議擬覆題

准暫故回籍養病間於嘉靖十二年陸月內接到吏部

劄付文憑一道

欽蒙陞授今職臣望　闕謝

恩感極歆泣伏念一介凡庸粗知章句才能行義無以

踰人祗緣大臣之過舉遂承

聖主之特知擢自常員驟登清望

恩過優隆擬於　天地豈臣捐隕所能上報所以前病

雖未痊愈不敢過為辭避勉扶就道已於本年十月

初六日到任管事釐正規條宣布教化陞館諸生釐

璽知向臣亦自幸庶幾少有裨補用効犬馬微忠此
臣之職亦臣之願也不意福過災生命與時舛偶於
臘盡感冒風寒欬嗽時以規矩初立日與諸生周旋
勉強過度將養失宜遂致舊患痰火風眩之疾乘之
大作上攻頭目下延四肢每一舉發輙昏瞀僵仆夕
而後甦正二月間兩次公堂扶曳而歸延醫問藥皆
謂元氣久虛陰火熾爛若不解官靜養難保安全臣

恩受
恩深重豈敢遽爾言歸尚覬少瘥以終前志用是勉強
治療將及兩月而病勢轉增職業盡曠蓋心有餘而

力不逮矣臣竊惟宋儒胡瑗蘇湖一教授耳猶以身
為教公服終日以見諸生日月刮劘敦尚行實故能
造就人才効用當世教學之法至今頌之況太學為
賢士之關祭酒有身教之責而乃以多病廢事之人
久尸其位匪惟上負
聖明簡任之隆亦非小臣感時圖報之本心矣此臣之
罪亦臣之命也彷徨思惟無以自處乃敢瀝懇披陳
伏乞
聖慈察臣一念愿忠之誠憐臣真病不能自強之實
勑下吏部放回致仕調理別選賢能以代其任則臣既

得免尸素之愆又可遂丘首之念也哉

洪恩死且不朽

謝恩疏

南京户部右侍郎臣王　謹　奏爲恭謝

天恩事臣原任南京國子監祭酒奏　准養病回籍先

該吏部題奉

欽依起用本年九月十三日接到吏部文憑一道

欽蒙陞授南京太常寺卿臣當於本家望　闕叩頭謝

恩依限前來十一月十二日於本寺到任管事本月二

十二日接到吏部咨文節該本部會題本年十月初

四日奉

聖旨王道陞南京户部右侍郎欽此欽遵備洛到臣十

一月二十五日臣恭於南京户部望　闕叩頭謝

恩到任竊念臣章句陋儒草茅賤品學殖荒落原之適

用之才運數迍邅久攖憂擯忠心之志向因輔臣之誤薦

仰承

聖主之特知諭德望清宮儲詳選於　東駕成均職要

復司教鐸於南雍擢自凡庸存置通顯

天地高厚徒竭蹐於再三犬馬涓埃未報稱於萬一心

非木石敢忘畎畝之餘忠身卧林丘竊荷生成於

大造詎圖褒晚濫尋　甄收茲蓋伏遇
皇上道契三無知周萬物　中和建極萬年仰
神聖之全功仁義覃民四海樂雍熙之至化
堯兢舜業恒儆戒乎無虞　文定武戡保治安於有永
謂理財為治平之要故錢穀當付之儒臣況南京乃
根本之都而戶部實司乎　國計欲儲蓄以足用必
委任之得人猥以臣愚叨歷卿貳遠承
溫旨警着　命之自
天中切氷兢懼措躬而無地臣敢不控竭駑鈍仰答
洪慈修職業而出納之惟明盡心思而會計之必當用

一緩二寬民力於東南足食與兵宣　國威於西北
此在
廟謨固有成筭而實臣職分之所當知者也尚恐報塞
之無能惟誓捐靡以畢志臣無任瞻
天仰
聖激切屏營之至

吏部謝　恩疏

吏部右侍郎臣王　謹　奏為恭謝
天恩事臣由正德六年進士改翰林院庶吉士歷任吏
部文選清吏司郎中嘉靖十一年九月內該輔臣方

◎

薦臣可備

宮僚勸講

欽蒙陞授左春坊左諭德臣以痰疾不能供職奏留養

病嘉靖十二年五月

欽陞南京國子監祭酒十三年四月前疾復作再奏養

病回籍節該科道撫按等官保薦該吏部題奉

欽依起用嘉靖二十五年六月内

欽陞南京太常寺卿本年十月陞南京戶部右侍郎未

幾

欽改禮部右侍郎掌管國子監事於今年三月到任管

事奉今五月十七日該吏部等衙門會推題奉
聖旨王道改吏部右侍郎欽此除已詣
闕前叩頭謝
恩外臣有感激徽忱不能自已謹稽首頓首上言伏念
臣云云
云同上身嬰痼疾十年枯卧於班廬心切愚忠
一日敢忘乎
魏闕幸荷
生成於覆幬詎圖收召於塗泥起廢于家歷司徒而起
典樂自南聿北貳宗伯以兼司成宣布教條方沐青
義之化甄別人物復參衡鑑之公

寵命已逾乎三加
湛恩實同於再造循墻莫避集木曷勝茲盖伏遇
皇上德妙三無道涵萬有知人則哲闢
堯舜之四門建官惟賢馭
成周之八柄明於度物器使群材謂臣粗業詩書既已
試之國學又嘗叅司銓選乃俾佐乎邦衡小善不
遺仰荷
乾坤之造
大恩難報徒傾葵藿之誠臣敢不控竭丹心堅持素履
奉公守法式清仕進之源同寅協恭共賛平明之治

臣已格物推賢讓能于以肅吏弊於三銓于以穆官

聯於厥職盍歆矢心報　國厥幾以人事

君是雖臣力之所弗堪而實臣職之所當勉者也伏願

勑

天之命立賢無方翕受敷施務令九德之咸事明良喜

起盍臻厥政之惟和　久于其道而化成

享大雅萬年之壽考　建其有極以歛福

錫洪範四海之康寧臣無任瞻

天仰

聖激切屏營之至

恭賀靈雨疏

禮部右侍郎掌管國子監事臣王　等謹　奏為慶賀靈雨事臣等伏覩今歲春間雨澤稀闊上廑

聖心為民憂禱乃三月二十八日　靈雨其零三日不止臣等誠懽誠忭稽首頓首謹上言稱　賀者伏以

周宣思治詩摛雲漢之篇殷武求賢書切為霖之喻

茲值

聖明之上瑞遠超經訓之常談盖　一德格乎蒼穹故甘澤溥于黎庶三農滿望　神功固歛于難名百穀用成太平式昭乎有象　至誠必感大慶無疆茲盖

伏遇
皇上道契三無 心存百姓 中和建極萬年仰位育
之功 仁義域民四海樂雍熙之化 勤恤民隱憫
雨弗待于三時克享
天心感召無煩乎六事知時好雨正及發生之辰應候
深春允協耕耘之望既庶既富快覩五教之流通足
食足兵竚見三邉之寧謐臣等無任瞻
天仰
聖欣戴感激之至

順渠先生文録卷之十終

順渠先生文錄總目

卷之十一

詩

同年劉祠部士鳳遊玄武湖有詩見示次
韻荅之三首

輓顔侍御英大父冊代張京兆作

劉希尹邀元夜賞燈玩月適值陰晦希尹
有詩次韻荅之

二鼓後月出再和希尹

賀丁大章乃尊謝官受封

送曹汝錫之夔州守用杜韻二首

周道鳴兄弟約余卜居陽羡用方西樵韻
荅之

壽大參江景熙母夫人七十

病中有懷劉農卿兄弟三首

贈德州衛曹户侯奉使至京事畢南還

哭友人朱守忠侍御四首

學子有問物物為能過化者以小詩答之

癸未新歲有述　靜坐

城南過王晋伯園亭

辭舊居　再到舊居志感

丙戌元旦試筆　除夜

人日　與客泛舟得船字

送梁原傅會試二首

送高伯玉會試二首

呂涇野有詩見贈次韻荅之

涇野原倡附　荅客用其韻

王烈女祠和錢江樓憲副韻

携琴辭為人題扇

費鍾石所第一會　乾字

劉紫岩所第二會　青字

許野谷所第三會

傅容庵所第四會　風字

歐陽南野所第八會

送陳大理先生北上

送少司馬潘先生考績北上

送大理丞林次崖北上

蕭畫士寫真留稿索題其上

瀛洲佳會詩用韻

擬賀鄉同年壽七十

病中讀佛經三首

送兵憲張歷田先生陞陝西大參

題扇面小景

文錄卷十一總目終

詩

初入翰林述懷

躡足英躔喜漸高又承嘉惠此登瀛儲才地望鑾坡切
照眼圖書秘閣清學海有源脩綆汲書囊無底短檠明
許身須儗南金重敢負清朝吉士名

閣試表謝及釋菜日俱值雨喜而有作

一雨連朝普大蒸君恩聖澤共洋洋風雲幸際千年會
洙泗還尋一泒長楓陛已沾新寵渥杏壇重挹舊芬芳
恩波底事深如許為有神功出廟堂

壬申改官南行次韻留別館中諸同年

刺天無力逐群飛乞得閒官下帝畿心共白雲千里遠影搖綠水一帆微百年去住輸先哲兩日晴陰問落暉努力同年諸太史匡時事業古來稀

贈友人周天成謝病還山 南京刑部員外郎名礿山陰人

朱光北陸沉玄雲西郊浮陰飇捲地號年芳坐來歇豺虎當道蹲清晝遊狸遊遊子歎何之前路險以幽車摧馬歎黃及此旋其輈旋輈去何許税駕東山頭養痾卧白雲濯足破緋流探幽尋禹穴結侶仍丹丘賸此山中示我謝塵世謀行矣子道遠懷哉吾淹留吾淹留竟何成

浩歎空隱憂送子不能遠目極滄江秋竚瞻朔風寒吹
冷獨醒眸

同陽明先生遊西山次韻三首

功德寺

到眼湖山萬慮輕風光旋逐馬蹄生雲堂恐亦塵緣地
我欲凌空住太清

望湖亭

春滿平疇月滿楹望湖亭上望湖登幾年京國雙塵眼
看到源頭也一青

香山寺

浩浩舞雩情從師伴友生嚶呼憐鳥語窈窕問山名景
勝藏春剩臺空受月平（寺有成清臺）無詩僧莫許天地正希
聲

同年劉祠部士鳳遊玄武湖有詩見示次韻
答之三首

意閟紛囂文心期瀚漫遊搴芳披宿莽懷侶望仙洲咲
咲人問世悠悠水上漚青錢吾欵擲買酒釣魚舟
問訊桃源路劉郎是舊遊暖催黃鳥谷春麗白蘋洲龍
也噓雲起魚兮逐水漚何時解塵組篙我木蘭舟
陰雨暗周道出門阻芳遊美人耿何許宛在水中洲搴

寒往從之或可減心涸竭來莫遑戀吾欸發吾舟

輓顧侍御英大父母代張京兆作 顧之祖以會試客死于道竟失所在其祖母盛年守節卒成其後云

當日誰分鏡裏鸞乾坤何地覓牛眠龍頭志在身先殪熊膽丸成涕正漣華表望空無返鶴栢舟聲断切啼鵑九原恨目今應瞑喜見蘭孫定後天

劉希尹邀元夜賞燈玩月適值陰晦希尹有詩次韻答之

新月今宵約共看華堂燈彩亦團圓如何天上朦朧魄侶怯人間料峭寒九陌笙歌殊寂寞一年風景足憂嘆

鰲山鳳輦無消息極目蕭騷鬢欲殘時聖駕南征未返故末句云云

二鼓後月出再和希尹

宮漏催人去山雲放月來喜看時出户款問一停杯醉影婆娑舞狂歌爛漫迴風光明定好還與共春臺

賀丁大章乃尊謝官受封

倉生暫起東山卧紫誥還分北闕麻喜見階庭生玉樹嬾從勾漏覓丹砂騫騰孤鳳池邊羽縹渺雙鳧海上霞便擬投簪同隱去追隨烟霧採三花

送曹汝錫之夔州守用杜韻二首

木落霜清白雁斜離心一倍惜才華三年撫字陽城課

萬里間關賈傅槎直北雲山時望斗周南風物更聞笳
麝香亭畔相思月應照陶潛醉裡花
當時聽雨對牀斜此日臨流悵歲華寂寞楊雄那載酒
飄零子健此乘槎黄陵廟古啼春鳥白帝城高急暮笳
告到楚江煩輟棹一杯無惜薦蘋花

周道鳴兄弟約余卜居陽羨用方西樵韻答
之
楚頌亭前勝蹟塵殷勤超遒喜逢君風波滚滚驚浮世
麋鹿呦呦念舊群南去擬隨鳳翼翼北瞻猶戀六龍雲
同心記取當時約道義之蘭晚更親

壽大參江景熙母夫人七十

淛澳廣愛日也陟屺興懷登堂獻祝友人作

頌以永孝思

瞻彼淛澳關關者鳩碩人淑只終溫且惠惠靜維則秩

宗其特正爾室家宜爾象服

瞻彼淛澳嗷嗷者鳥碩人任只翼其三雛絫絫門子曳

金紆紫太史中翰白華朱趾

雎鳩在下慈烏在上碩人樂只福壽穰穰先民有言稀

哉七十天錫碩人引之無極

坎坎鼓兮蹲蹲舞兮躋彼北堂樂壽母兮翟冠頫兮絲

服膺兮最哉靖恭介純祜兮

淛澳 四章章八句

病中有懷劉農卿兄弟三首

我有良朋友君家好弟兄雲衢鴻鷺羽沙畔鶺鴒鳴曾感扶遙誼難禁伐木情寸丹懷舊約尺素訂新盟 兼懷

飛黃君得路知白我偷安已讓楊朱帝虛彈貢禹冠交情傷契闊吾道愧艱難[illegible]正無窮意相思未敢言 農卿

離索逢新歲追隨念故交空餘徐穉榻無那子雲嘲題鳳曾移玉趾龍尚繫匏何時能載酒重肯欵衡茅 德卿

贈德州衛曹户侯奉使至京事畢南還

曾譜高門契因知小阮名瑶璵呈國器弓冶繼家聲白

面羞紅湛青年類賈生八歲移漢使五鳳展堯京才吊藐臺郭豪憐易水荆還家時問字俠客共談兵嘗合膽雲切蘭桄破浪輕雖搏空泛蟻客路有啼鶯看劍頻回首投鞭一寄情無勞歌短布有待請長纓

哭友人朱守忠侍御四首 守忠號白浦時方按山東

何處求凶問驚聞杳忽眞桓聰方得路賈鵩早承塵慘淡烏臺月淒凉白浦春天涯淹絮酒東望一沾巾

飄洒萬行啼哭君嫠屢迷玉樓仙馭遠華表月輪低竟失蒼生望空存栢府題似聞歸櫬路流淚滿瘡痍

道爲占時出身從報國來龍蛇嗟歲月鱗鳳失英雄孝

友傷垂白忠勤有汗青河汾師道在應勤董常銘
識面龍門日論心鳳闕年敗三魯曾量管知十敢希淵吾
道推先達斯文約共傳如何長已矣慟哭問皇天
守忠與余同遊於王陽明先生之門故有河汾龍門之句云
學子有問物物為能過化者以小詩答之
物物由能體太虛眼中無物不鳶魚諸君欲問鳶魚處
茂叔窓前翠草知
癸未新歲有述
豹隱經三禩龍飛又一春馬卿狂更渴顏駟老還貧浩
蕩懷賢志棲遲報主身行藏吾道在何必問蒼旻

靜坐

養痾特昔靜撫事轉悠然花徑封春雪茆簷宿午躔客稀翻免俗魔退却成禪欲向羲皇問無懷第幾天

城南過王晉伯園亭

出門秋望轉悠然信步來遊尺五天十畝小園依綠水三間茆屋傍青田地偏正自宜花鳥心遠何妨近市廛恨殺可人招不得山陰空返子猷船

辭舊居

洋洋今朝別棘樓十載僑愁吟王粲賦忍避子雲嘲風雨三遷業琴樽四海交翻思歌與哭回首一蕭騷

舟到舊居志感

破屋頹垣是幾年重來下馬一悽然居人好護門前水
魯泊英賢萬里船

丙戌元旦試筆

一卧滄江春復春每依北斗拜楓宸蹉跎鳳曆千年會
想像龍車五色新無分酒杯那對眼多情藥裹轉相親
傷心趨走鵷行地愁憶春盤細菜根

除夜

四十明朝至荒虛愧有聞紫宸天上夢白髮鏡中歎老
驥饒長思飛龍有聖君猶歎孟夫子時動伯王心

人日

人日今年殊不惡高雲晴旭相喧研天意分明乃有爾人情拘束誰能歘傍花隨柳吾欲辦乳燕鳴鳩他自便風光流轉暫相賞浮名拋擲還少年

與客泛舟得船字

城南春岸柳如煙簫鼓聲中引畫船淑氣已催黃鳥谷晴光偏麗白龍淵城南河名蘭亭圖畫先賢跡赤壁文章後代傳勝日尋芳慚我拙也隨童冠過前川

送梁原博會試二首

霄漢騰身丹桂客江湖卧病紫微郎調琴賴爾知流水

按劍何人惜夜光南畝且便牛背穩東風自信馬蹄忙人生出處會有意去去無須戀楚狂

三獻誰言玉可刓排雲今許叫天關風摶北海鵬將起霧隱南山豹已斑原有聲華承豸史即看頭角動龍顏清時莫奏相如賦抗疏還須論治安

送高伯玉會試二首

輕帆十幅飽渚風滿載圖書上帝京世德正符新丙戌乃翁前丙戌進士天荒已破舊辛庚武城久乏進士辛未庚辰繼有登者傳經不獨如劉向對策何妨侶董生避世久忘爭席事臨岐聊贈揆茅情

江天誰伴少微星衛水燕山動别容千里緑波遊正遠十年青眼恨偏濃姓名早上黄金榜消息遥傳碧玉封天上故人如問訊莫言寂寞老楊雄

呂涇野有詩見贈次韻答之

皂囊奏罷　聖明君咲指南山向白雲滿眼經綸看我拙一川風月許誰分梅生大隱吳門市孺子行吟楚澤濱憂樂並行應有法幾時携手話新聞

涇野原倡附

一出京師思見君晚風斜日泊青雲門前懸岸路三尺院内平房草七分有好容顔談孔氏無他塵土到河濆

呼兒展拜更名處千里鶯聲遂所聞（小兒本名安涅野更為康也）

答客用其韻

門前鳥雀喧坐上客氈寒聞子登樓賦如歌行路難袋人攸自媚孤抱向誰寬剩欲招靈鳳梧桐苦未蕃

王烈女祠和錢江樓憲副韻

貞祠臨古道寒藻對秋光事往心方白名高骨亦香煩言誰嘖嘖奕禩自堂堂再拜綱常計觀風領激揚（烈女之姓甚烈而不成人之美者妄生異議故有煩言之句云）

攜琴辭為人題扇

碧山藹兮簪空白雲泱兮鼻麓荃何為兮顑頷步亻亍

兮空谷紛蕙帶兮拖風蘿藜杖兮點澳遵蘭皐兮舒嘯
憩椒丘兮騁目從長髯兮科頭抱朱絃兮玉軸韜巍巍
兮巑岏秘洋洋兮洄洑溯知音兮難尋旣芳歲兮亘宿
埃時命兮奚疑聊徜徉兮幽獨

南都瀛州會限韻

費鐘石所第一會　乾字

淪落塗泥晩未乾又驅羸馬度長干浮名在我如鴻爪
大塊勞人似鼠肝重見鐘山娛猿鶴喜聞玉署長琅玕
三神山上群仙侶肯著漁翁一釣竿

劉鼎山所第二會　青字二首

又兼曾窺瑣闈靑蓬瀛縹緲此重輕人從平地登玄圃
樂出鈞天奏洞庭東壁文章原蘊籍南溟風月更流形
香山莫訝蒽譽少潦倒年來鬢已星
黃花浙瀝酒樽青楚楚衣冠到廣庭北海聲名原好客
西州眞率且忘形丁寧舊雨盟今雨遮莫文星當酒星
寂寞獨憐楊子拙歸來猶抱太玄經

許函谷所第三會

冠蓋繽紛擁後先瀛洲又會第三天欣逢六館催長至
共乘三花慶大年飲酒敢忘歌在鎬哦詩猶憶賦甘泉
是月有郊祀慶成之典諸公皆舊侍從詞臣也故云周南莫嘆空留滯一曲陽春

萬里傳

穆玄菴所第四會　鳳字

玄菴的的有玄風坐致群仙咲語同海上三山來几席
人間萬事等参通同塵亦有詩兼酒出世還須孝與忠
何日白雲肯招手芒鞋拋向大江東

歐陽南野所第八會

春來肺病強難支幾度瀛洲泛玉卮興淺閑心唯藥裹
詩遲照眼媿花枝莊生已分肩高項賈誼還憂指大肢
肴珠璣頻錯落敢將陳迹慨羲之

送陳大理先生北上

我捧丹書上玉京江亭樽酒屬群英官河秋水年年急

古路黄花處處明南國棠陰留召伯漢廷棘署得于卿

平反莫為陰功地　聖主于今正好生

送少司馬潘先生考績北上

朝天司馬去何遲報政伯禽舊有期萬星遥關留[illegible][illegible]

大朝山水閃朱旗殊恩前後承三錫（潘有三錫卷）雅望東南

比四知聞道　至尊屢北顧好紆籌策靖潢池（時方有大同之

[illegible]散　云

送大理丞林次崖北行

流水高山空復音夫君別去若為琴懸河已盡當時論

傾蓋先知自古心得意筌蹄恒兀兀隨身竿木且愔愔
前賢事業溫公別記取江東日暮吟次崖有才而急於自用故以溫公居洛以避新法之事勸之

蕭肅畫士寫真留稿索題其上

強著冠裳裹病身山林麋鹿本難馴平生一點蕭然處
只愁君家貌未真

瀛洲佳會詩用韻

當時通籍向彤庭此日逢山許再經寂寞自慚玄尚白
招邀深荷眼常青江山有助詩還麗賓主忘機樂自形
只恐群仙難久逸九重天上擁前星

擬賀貳卿同年某七十

甲子同君宴鹿鳴甲辰四首四周星七旬開衮身猶健
五品懸車焚恋寧勇退中流稱砥柱晚凋於樹比冬青
頌聲不是尋常調還續當年食野苹

病中讀佛經三首

謝事歸來萬慮輕閑門邀眼只殘經自慙不及生公法
猶有山中亂石聽
施舍終為有漏因無因無果始成真本來面目知何侶
萬頃寒潭月一輪
緣業誰云事可輕芥針億劫尚難逢可憐當日梁蕭衍

虛負達磨萬里行

送兵憲張歷田先生陞陝西大參

駐節頻煩問索居，論交曾在廿年餘。歷田登丁丑進士時余適分考禮部
渾如蜀下依嚴武，陽是雲中起孟舒。全陝關河今右輔，參知政事古中書。周南風物旬暇，試訪漁竿與兔罝。關中人物遺逸者甚多故及之

題扇面小景

明月照蘆花，夾岸襍芳草。鴟夷歸去來，五湖深處好。

下第和同年郭承之 二首止存其一

俗眼南成北，迷途是亦非。冥鴻真可羨，不傍網羅飛。

聞歌王昭君曲者戲以小詩駁之

尤物從來是禍根敗家傾國更亡身不如盡付毛延壽圖送番邦息戰塵

徐東左饋瓜與梨詩以謝之

遠攜筐筥餉衰翁珍重山人有古風瓜出青門應五色梨分玄圃魏史梨交枝生于玄圃踰千封漢史千樹梨可當千户封侯相如幸減狂來渴司馬相如病消渴本草云梨善解消渴鄭灼還加病後功鄭灼好學苦心熱病每以瓜鎮其心愈加勤勵云準擬重陽尋舊約黃花尊酒話參同

謝人饋萊菔咬春

節到春盤色色空菜根相贈荷高情青絲白玉當時事
忽慢令人憶兩京

贈尤見洲尹武城

讀易當年幾絶編虚齋衣鉢有真傳数奇甲第攻人拙
道偶絃歌數政平子産惠人明若火董生論治戒臨淵
求賢欲訊澹臺迹試向畱宮問淺泉

贈盛生時承通判湖州有引

時承余昔承乏南雍時所造士也文業行誼
出同時選貢諸督之右而阨於数奇竟弗獲
一第今年春謁選天曹　太宰石塘公奇其

才宜諸上列遷授今官余既惜其小成而又
期其遠到也於其行也詩以壯之
五月瀟瀟雨送梅離筵忽面帝城開黄金臺上春恩
逈鐵甕州前晝錦田廬統才原非百里王祥名已應三
台他時莫負成均望英問還須到草萊徐老且病行將引去當於林下洗耳以聽時承官業之成耳故末句云然

先考妣露檣挽歌

未享春暉報空傳薤露聲一經雖有托三釜竟無能風
木終天恨泉臺此日傷地下牛眠吉天封鳳誥明兒孫
咸項領聊以慰慈靈

亡室露旛挽歌

嗟我牛衣侶今歸馬鬛封糟糠留事迹拮据想平生冠帔塵埃掩音容夢寐逢恩深苦海浪淚洋愛河氷哀輓難為調淒凉萬古情

順渠先生文錄卷之十一終

順渠先生文録總目

卷之十二

講章

規條

文録卷十二總目終

順渠先生文録卷之十二

講章

子曰道不遠人人之為道而遠人不可以為道

這是中庸第十三章引夫子之言以明前章費隱之意道即率性之道兩不遠人人字泛指人身而言人已皆在其中人之為道的人字專指修道之君子而言為道猶言行道學以修已教以淑人皆是為道之事不可以為道為猶謂也言不可謂之道矣盖道原於性而具於心心之未感也渾然在中而萬象已具所謂中也者天

下之大本也此即是道之體心之既感也隨在各足而脉絡分明所謂和也者天下之達道也此即是道之用是在人性情之德即斯道體用之全人能才一提撕則本心之明昭然照晰而易知才一鞭策則秉彝之德坦然條達而易行道何遠乎人哉故曰道不遠人夫道固不遠於人而人乃有遠人以為道者其弊有二一種是竊窺斯道之體妙於無而不知無非真無也顧乃馳心幽杳立論荒唐而淪溺於空虛幻妄之歸一種是徒見斯道之用形于有而不知有非外有也顧乃襲其粗跡偶其大形而滯泥乎形名度数之習斯二者固皆自以

為為道矣或不知或失則高而空吾性之所固有或失
則卑而益吾性之所本無是皆道其所道而非吾之所
謂道矣故曰人之為道而遠人不可以為道

惟學遜志務時敏厥脩乃來允懷于茲道積

于厥躬

這是傅說與高宗論學的說話學字兼指上章求多聞
學古訓二事而言多聞者欲其博極古今成敗興廢之
由帝王建置損益之迹如此則耳目寬廣心地通明事
到面前便可迎刃而解故曰時惟建事古訓乃尊指古
先聖人之謨訓與則可以垂憲萬世如二典三謨所載

精一執中之傳知人安民之道之類皆是學之則可以會其理于心故曰學于古訓乃有獲然此二事皆須資之于人而反之于己資之人而心有不虛則驕驕則人不肯告以善道反之己而工有不勤則怠怠則學有所闕亦不能實有諸己況人君勢極尊崇位處逸樂有不期驕而驕不期怠而怠者所以傳說之學要遜志欲其委心聽順如有不能虛以受人也又要務時敏專力精進如有不及勤以勵己也果能如是則內外相資教學相長所修之理有以啓其端而達其機當源源而來如泉始達蓋有不可禦者此下周林講云云故道積于厥

躬夫所謂求者非謂物至自外也學問知所用力則此心昔暗而今忽明此理昔無而今忽有孟子所謂深造以道而自得之是也所謂積者非有物聚于中也學問久于其道則明者日益明而無所不照有者日益有而無所不周孟子所謂居安資深而左右逢源是也脩而來來而積學之有獲者如此有獲則事可建而學古之道幾矣抑傳説此言乃六經論學之始萬世為學之原學者所當深究而不可漫觀者何也孔子曰生而知之者上也學而知之者次也困而學之又其次也嘗即是而遡求之羲皇而上人貌而天繼天立極無事于學堯

舜禹以道相授精一執中之言直傳心法而已其於學
未數數然也至於湯用人惟已改過不吝以義制事以
禮制心仲虺稱之曰能自得師孟子論之曰學於伊尹
比之三聖用功若微有不同者然而於古訓亦未數數
然也此皆所謂生而知之者也至于高宗則異於是矣
故傅說因其問學而拳拳以多聞學古爲先以遜志時
敏爲要其故何哉比諸前聖直傳心法之意内外繁簡
較然不同此正所謂學知之事而萬世之所當法者也
或曰古今聖愚本同一性此心此理不待外求學亦直
求之吾心而已何以是陳迹爲哉是殊不然性道雖同

而氣稟或異故伊尹曰天之生此民也使先知覺後知
使先覺覺後覺而孟子亦曰聖人先得我心之同然也
夫以後覺而欲求覺於先覺之聖遇則其人不遇則其
書學于古訓云者正求覺於書之謂也因言以求其心
考迹以觀其用默而識之以成其德吾心同然之理得
矣所謂有獲也所謂厥修乃來而道積厥躬也後世此
義失傳眩于學古之名而迷夫有獲之實誇多鬭靡而
不能反約求源其去古人學問之道遠矣間有知創乎
此則又矯枉過直而師心自用如前所謂直求之此心
云者是以困學之資而躐意乎生知之事傳說之所不

敢言而高宗之所不敢任者也其自誣以誣人亦已甚
矣諸生苟真有為學之志其尚知所決擇也哉

緇衣之宜兮敝予又改為兮適子之館兮還

予受子之粲兮

這是同人美鄭武公之詩然不列于王風而冠于鄭風
之首者意武公爲新鄭始封之君緇衣既爲武公而作
而鄭風之變又昉于此故鄭人存而肄之爲國故實孔
子删詩仍其舊貫知破斧伐柯諸詩周大夫所作而皆
附于豳也緇衣禮所謂玄冠緇帶鄉士聽朝之正服也
粲是粲之精者猶後人所云白飯青芻之意其餘訓釋

失傳已明是時平王東遷晉鄭焉依鄭桓公既以王室
懿親為周司徒死于犬戎之難武公繼其父職又能捍
王于艱内安百姓外撫諸侯上得于君下得于民可謂
父子善于其職矣故周人作是詩以美之曰緇衣之宜
兮者言服以彰德德苟不稱將有褫奪之辱今武公之
服是緇衣也但見從容有常表裡如一何其稱耶德與
服稱所以美其服之裏也曰敝予又改為兮者言人歆
其德自愛其服惟恐有敝壞之及敝則我周人當為予
改為之使其物采常新儀刑不忒華有數鄭所以顯其
位之久也然猶未也武公自鄭而來必有所過之館我

将就其館而見之以親其德輝而因候其啓處然後快于心矣故曰適子之館兮今是欲安其居也然猶未也既見武公而還必有將敬之物我將擇乎粲而授之以資其饔飧而因表乎精潔然後成乎禮矣故曰還予授子之粲兮今是欲美其食也夫士無賢不肖入朝見嫉今武公以諸侯入為王朝卿士一稱其職周人不惟不忍忌嫉而且嘉樂之深祝願之至至於衣服飲食居處之間莫不惓惓然三致意焉可謂愛之無已者矣孔子曰好賢如緇衣又曰於緇衣見好賢之至也其以此夫抑詩之言好賢者多矣而孔子獨以此詩為至者何耶蓋兼

彝好德雖人心所同而習俗移人在豪傑不免書曰凡人未見聖若不克見既見聖亦不克由聖正謂此也緇衣之詩繾綣殷勤終始如一比之不承權輿者萬萬不侔可謂不移於流俗而能全其好德之良者此孔子所以獨取之也子諸生誦詩至此亦嘗隱之于心而自省否乎且方子之僻處鄉學也獨學無友孤陋寡聞其心豈不嘗曰京師首善之地太學賢士之關安得一置身其間觀感切磋以遂吾尚友之志乎及其偕計而來可以償夙願矣顧乃不然求益不如求安之切懐德不及懐土之深客席未煖而歸計已萦雖有明師良友亦不

樂親雖聞崇言至論亦不樂受回視初心茫然頓失其
亦異乎緇衣之好賢矣嗣今以往請各痛蠲舊習確守
新規必期敬業樂群博習親師以馴致乎強立不反之
地而後已他日學成德尊則人又將以緇衣之好加之
子矣詩可以興諸生勉之

北監季考策

問我
聖朝建學設教必以明經為主觀諸 監規 勑諭不
啻明矣然經之微詞奧旨必待熟講精究而後通而
其綱領節目之大則有當論於開卷之首者試先與

諸生一評之易分連山歸藏周易而周易又自有先天後天之別其法象果何所取耶河圖洛書說者多以卦疇並言或謂係易不應及範當別有義也可得聞耶四代之書今古文皆具而或又有渾渾灝灝噩噩之說則是代自為體與平易艱澁之論異矣當何從耶徐福行時書猶未焚遺書百篇尚存倭夷昔人有是言也倘因其入貢索還中國以復孔氏之舊則古今文可定於一而帝王經世之典益備何漸而歷代皆不加之意耶詩序漢儒所傳程張大儒皆以序說詩見於其書可考也朱子乃盡絀之別自為說者

凡若干篇其義精矣然不知何以能獨契詩人之意於二千餘載之後而與諸子若是乎異也古云刺淫者朱子皆以為淫者所自作今觀其辭意朱説誠是然不知孔子何以存之於經而不删耶孟子曰孔子懼作春秋又曰其事齊桓晉文其文則史其義則丘竊取之矣今觀春秋不過以文載事使事與文皆有所歸則大義者果何所寄而又何以謂之作耶或謂春秋有存策書之大體有假筆削以行權有變文以示義有特筆以正名果爾則文與事與義皆當有辨可指者何一[illegible][illegible]大[illegible]者耶程子以傳為案經為斷是傳不

可廢也然與三傳作而春秋散又歎獨究遺經而束
三傳於高閣者不同何邪禮記雜出於漢儒之手難
與諸經並列固矣或者病其如此乃取儀禮爲經禮
記爲傳合爲一書而通解之不知合於聖人之意否
也且易之經傳嘗合也而乃分之禮之經傳本離也
而乃合之無抑自相戾邪凡此皆諸經綱領節目之
要學者必先知之而後可以究其蘊也幸詳言之
嘉靖十二年十月十五日更定本監撥歷等項事宜
南監
一科舉歲貢俱係取士正途節查

◎

監規會典及歷年條例並嘉靖七年以前序簿原無分別惟三四年來始判為二序簿遲速較然甚懸恐非教養本意況邇來

聖明更化甄拔人才各處應貢生員俱經精選而來文與前日不同不宜一槩攏抑其官生世祿之典亦非別途可比今查照舊規舉貢官生合而為一俱以會坐堂滿六個月挨次上東序撥例監生會坐堂滿十個月上西序各候挨撥

一應上序監生俱於每月二十日以後各具告序單一紙備開年歲籍貫址經書入監出假水程有無違曠

或丁加等項扣實坐堂月日若干先呈本堂揭查通
知簿訖轉送繩愆廳揭查集愆簿查實具各用小
印鈐記如有虛增月日隱匿遺曠亦要明白填註
以憑愆查究候月終類齊呈送廂房仍發查曠查序
監生覆查相同方准批定挨次上序
一每月二次撥歷正歷依序挨撥雜歷以次唱名審
撥不愿者聽其先令借撥讓撥等項名色觀聽雖
美實貪擇端盡行查革
一東序人多西序人少每東序撥十人後方撥西序
一人前後通融查筭

一監生有為事者以提送之日為始作曠候事完實

有明文復監方准實日

一逃監監生復班之日歷曠二個月滿日方准上序

序單俱要開具明白如有隱匿查出痛責重歷

一復班監生先前年月雖深仍坐堂一個月方許上

序查其月日當在某人前後以幅紙揷於其中名

曰揷序用印鈐記

一監生坐堂已及上序之期內有咨單未到及違限

聽咨行查未報等項違礙者俱候回明日方許上

序撥歷如有欺隱冒撥者查出取回責治外照舊

聽候仍壓撥四次

一舉人告會下第復監查有順天府文引往來准水程三個月第二次准一個月半餘日作曠第三次以後不准水程俱作虛曠

一比改南監生俱不准水程其南京禮部手本内開有齋執號紙字樣方准比監坐班月日如無號紙止以入本監之日為始比監月日不准

一復命回監准水程三個月若患病有御史印信手本開稱是實者准病假一個月半餘日作曠

一在監丁憂服滿復班者照舊每坐堂三日加丁一

日其應加月日在亭前者即扣明開具亭單通筭上亭亭後應加月日候挨撥將及許先期開具揭帖稟明查註亭簿如有接喪在前喪一年之外而預申在接喪一年之内到監者每二日加一日若接喪在前喪一年之内而預申一年以外方到及無預申者俱不准接喪加丁

一在監丁憂事出不幸所以復班之日量之加丁以示優卹其告病搬取依親等項在籍丁憂者與此事體不同原其初心本圖安逸及至遭喪禮當守制却及緣此虛加坐監月日親死之謂何而因以

為利與奪情者無以異矣太學風化之原豈宜有
此偷薄之習今後前項起復監生雖有預申到監
俱不准加丁
一告就教職不中監生查有吏部咨文及順天府文
引經由南京吏部轉送到監者准水程三個月其
揑稱中途患病事故未曾到部未經南京吏部查
明送回徑告復班者不收
一給假省親畢姻等項自出監以後復班以前中間
月日俱作虛曠
一監生新到或各項復班坐堂未滿一月即告丁憂

多係匠丧入監不准加丁若年四五十歲以上者
不拘此例
一晒晾監生應撥歷者許先期自行告取湖上手本
到監無湖曠方撥無手本者壓過候下次
一臨撥不到者壓一次
一過湖查册監生候事完湖上手本回監明白開註
湖歷簿内每一日准歷事一日中間開有病曠者
不准歷事違曠者監期歷事俱不准過堂湖者准
此
以上上序撥歷事宜共十九條

一舉人官生初入及復班若俱坐堂滿一月後許告

照常免班

一歲貢初到坐堂滿一個月後俱要撥次差補堂支

長堂支長滿三個月後方許更代四班聽候撥

別項關差如有不願差遣只欲常川坐堂肄業及

堂支長雖滿三個月不願更代者俱聽其未經差

過堂支長即告別項關差以爲自便者不准

一堂支長應代者先期呈報本堂本堂查其三月之

内果能表率班生不致偷惰違曠清查膳牒不致

踈漏侵漁方許揭查通知簿内擬以某人相應代

役候六堂查明會開揭帖每月隨上下撥歷之日
呈堂覆查相同即為更換其應代之人俱要循其
人班次序毋得顛倒遺漏先取本班本班無人方
取本堂本堂無人姑侯後次不可泛及別堂致令
師生授受不專饌廚原收支文難考深為未便
一堂長每歲各給與印成稽查饌廚簿一扇將本班
監生應支物件日月依式備細開註于各生姓名
之下更代之時於本堂查明交割如歲終造冊查
有侵冒差錯等項情弊其原堂長雖已撥歷定須
取回查究

一本監各項差遣雖有勞逸不同俱係監生本等職
事惟教書一差原以義起今雖未嘗盡絶亦已量
為限制俾門巳塞士習稍清諸生所宜靜守毋事
趋營徒取輕辱

右坐堂撥差事宜共七條

竊惟
朝廷取天下英才聚之太學而聯以師儒其責在於明
經術以淑其習嚴軌範以端其趨逕道德以和順
其心此教化之本務也備在
監規所當一一遵守至於前項事宜不過規内正官

總理一應事務之細者云耳似若末節非所當先者然博文必歸于約禮而制外斯可以養中苟規條不立士無定趨奔競成風怨誹載路雖有仁人道德之談其孰從而聽之今既遠尋前政近酌時宜訂定如古不啻明矣繼今以往衆目昭然爲師長者雖欲高下前却以曲徇其私亦將有所不敢豈直約束諸生已哉惟法立而能守庶德久而業大前所云教化本務載在

監規與古先聖王之典訓者余雖不敏尚期與諸生共學

禮部右侍郎掌管國子監事王　為講明經學以闡
聖化以端士習事竊惟為學在乎讀書入官始於學古
肆我
聖朝設學校以教士開科目以求賢一以聖賢五經四
書為主盡革前代詞賦陋風百餘年間人才重厚風
俗淳龐撲厥以原究由於此邇來乃若有稍不然者
勸勵之方或缺乎之道太學首善之地師儒掌教之官
不得不任其責當職學未通經才不適用繆承　簡
命濫主師席期與僚屬暨爾諸生共惇本實痛革澆
浮庶幾仰副

聖明化民成俗德意以少逭褻瀆之罪於萬一為此除
遵奉
監規摠理一應事務等件俟議處停當另行外今将
講明經學事宜節日開具於後以便遵守須至告示
者
計開
一監規所載會復講日期及該講經書具有成式凡
我師生所當恪守罔敢違越但堂階地遠而聽聞
未真尊卑禮嚴而質問不便故先任祭酒高陵呂
先生復有明道堂五經館之設焉當職今日循復

呂公故事而稍增損之其詳具于左

一將四書五經各分為十二節每月各講一節期歲

遍周而復始

一每月講期初三日四書初八日易十三日書十八

日詩二十三日春秋二十八日禮記中間有與公堂會復講日期同者亦不妨廢蓋時刻異也如遇

朝祭等項公事及大風大雨則前却那移臨時別示

一講之日諸生俱於下監食後巳末午初先至明道

各館伺候四書則廳堂官俱至各經則各以其經

至亦先在本館從容問答候兩廂至鳴鼓各官先

進堂內揖畢分班坐定禮生贊序立堂長引諸生
各以其班序立於越臺上北向贊揖平身贊供講
案供畢贊請某書某經侍立取籤筒赴堂掣籤唱
名進講

一諸生果曾用心玩索會衆討論而理有未明聽其
從容質問共相參究務求至當歸一可以體會服
行而後已不必畏憚退縮自取孤陋若有怠惰忽
慢全不留心學問臨時信口粗述數言塞責並無
一語發明者驗出除責治外仍書名集愆且罰牘
以愧之

一諸生講書只要將其自得義理發明經訓不必作

為對偶講章徒資口耳無益身心

一掣籤多寡或直呼某人出講皆臨期裁酌今不預

定

一經書外性理大全小學近思録通鑑前編通鑑綱

目綱目續編大學衍義及大學衍義補諸書皆内

切身心外關世務所宜講究此不及者慮諸生才

性不同難以責其備也有力者自當兼覽講益至

於異端非聖之書詞華譁世之具皆當一切屏絶

毋令惑亂正學妨奪本業

一明道堂會講條約既定待舉行後諸生有能依此
節目自行結會或同經或二三經共一會多或二
三十人少或七八人不拘舉貢恩例但取志行相
孚互相資益共為引接如有疑難許於閒時同至
厢房質問不必畏忌
一會講行後凡公私課試皆於所講書內命題篇數
多寡及至期日俟裁酌別定
一以上條約專為講經而設以其為學者之急務也
其餘若上叙撥歷撥差支粮領膳等項事宜俱待
奏議得當然後揭示

國子監為季考事今將試事條件及供事人員次第開列于後仰各遵守毋違

計開

一諸生照前示依式備卷依期於本堂投遞各班查明具揭前列揔數後細開舉人若干卷貢生若干卷例生若干卷內未成材者幾卷給假批准不到者幾人無故不到者幾人俱列姓名於各項下揭帖呈堂查記卷送繩愆廳查照堂班分收明白呈堂用印訖仍發各堂前考一日照名給散卷面不必編號舉人卷尾各具出身姓名籍貫及所習經

於中行以備彌封謄易經者則書舉易二字其他
放此
一諸生自備卓杌於二十七日巳時送至階下每日
序立之處所候各堂班先生率堂友長照依班次
唱名排列先彛倫堂次兩廊次越臺上俱東西向
每兩行各自為向排定諸生各記其地俟考日徑
造免致臨期錯亂紛擾
一考之日黎明諸生各具衣巾懸牌先至二門外伺
候放進各隨本班堂長領至原排卓處立聽題目
務要肅靜不許往來行走講說喧譁違者令巡視

皂隸人等摘牌責治仍計其卷文字雖優亦不入

等

一題目既下聽發放後方許就坐俯首締思自攄所蘊毋得交頭接耳恣意問答及懷挾文字倩人抄謄違者有罰已具前示決不輕貸

一典簿廳專管備辦湯飯以供諸生務要嚴督廚役人等用心整理精潔温熱不許穢惡寒冷及諸人尅減料物虛費錢粮致令士子不沾實惠如有此弊聽繩愆廳糾察呈報以憑查究諸生自帶餅果者不禁

一東西各置便桶一具諸生欲解先至越臺正面高聲自唱票出恭出畢即回不許二人同行違者摘其牌

一署繩愆廳事助教呂尚古職專揔理提調關防但有疎虞弊病如吏卒人等私爲諸生抵補試卷傳遞文冊等項許時即糾舉懲治

一關防官堂上二員某某越臺二員某某西廊二員某某受卷官并彌封官七員某某揔收類分諸卷某易某書某詩某春秋某禮記某未成材每彌封過陸續送繩愆廳用關防兩處俱要記數明白

一站班皂隸堂上四名越臺三名俱於行南面北分立兩廊各四名俱於行之兩端南北對立但有說話及懷挾文字抄謄者許摘舉無治無事止許靜立毋得諠閙攪亂士子文思

一東西兩甬門及堂後門各用二人守把其餘各廳堂等門户凡可透漏傳送處所俱於二十八日昏時關鎖封誌以上人役俱聽典簿馬俞於兩箱各原設門皂數內分撥應用要緊處還令分班更代

廟儀

一本廟日設供事監生六名每三日一班共用一十

八名每日二名賫禮兼管給假銷假二名開寫新

到監生實歷二名查對監生違犯註集愆簿俱當

時明白登録毋得期隱增損自取罪責若同到監

生数多則六人通寫實歷及每月撥歷之前應查

實歷假簿愆簿敘單亦須通同檢閱不許妄分彼

此以致誤事

一當該吏典三名俱要常川在房整辦文書凡部劄

及手本送到監生候撥班上實歷畢即便挨次立

成卷宗不許錯亂埋沒及更換日月那移名次又

諸生所遞認歷認差等項供狀亦要挨次粘聯成卷

當時送廂收櫃以候臨撥取查每月撥歷既定未
帖典簿廳之先務將撥過監生取部中原送來文
及會歷簿眼同諸生一一查對明白方許呈稿歷
帖如有行查未到或別項干碍不可撥送者即便
禀堂除名不許受囑隱匿其餘事干錢粮等項及
各衙門題奏奉　旨行文移自本年三月為始俱
要明立卷宗不許失落片紙隻字以上諸件如有
違慢作弊察訪得出輕則痛責但有措賣贓私不
拘多寡定行送問決不輕貸
一皂隸照依前則不輪流把門監生有事須候牌出方

許放進如有強硬不遵禮法徑自亂入者許皂隸
摘牌禀治其當進者亦不許故意阻當索討錢物
犯者痛責
一每日清晨公房吏先將執事木牌洗拭乾淨侍直
等項生員進至廂廳前各親書姓名于牌畢即出
大門班候師到公房呈牌摽訖先吏典等磕頭次
本廂供事禮生作揖次侍直糾儀整班監生同揖
供知常儀畢由西夾道而出次賛禮生禀升監
一升監田暫入後堂少憩公房門子對面揭封開鎖
候坐定開櫃取監貫麻止集愆給假等簿逐日所當用

者置側伺候茶畢少頃禮生進至階前禀升廟般
捧諸簿前行交付各該掌管禮生以听開寫事畢
照前奉回收櫃當面封鎖如舊
一每日升廟先放問學呈課二牌有則隨牌引進至
簷下班序跪揖分立廟門左右以次請教畢如前
禮而出次驗引牌訖次供籤牌訖次給假銷假二
牌訖次禀白牌有理者方許進禀其有明知事不
可從而恣意強聒如不顧新例輒欲回籍省親搬
取等項听其言似有膚愛之情究其實無非自便
之計諸如此類請各息心無事滕口

書壁雜帖

邰城圖云堯毋慶都感赤龍負圖云云遂震帝堯堯毋碑云堯自侯伯遊於玄河龍龜負御狡鈐授與然後受命述異記云陶唐之世越裳獻千歲神龜背有文記開闢以來録爲龜曆撻河紀云堯即政十七年仲月甲子至于稷沉璧于河青雲起迴風搖落龍馬㘅甲赤文緑色自河而出臨壇而止吐甲迴還有文言虞夏商周秦漢之事帝乃寫其文藏之東序孫氏瑞應圖云堯坐河渚神龍赤色負圖而至備載山澤河海之形國土之分域又云帝舜祇德歎象有光至于稷黄龍負圖圖卷舒至

水畔置圖舜並前與三公大司空禹等三十人集發圖又云周公踐阼政與天合榮光汨河青雲浮至青龍玄甲臨壇吐圖其文言周世之事五伯之戒與秦漢事又中候摘洛戒云周公攝政七年青龍銜甲玄龜背書又云成王舉堯舜之禮沉璧于河乃有蒼龍負圖臨河

右皆緯書所載龜龍圖書之瑞見于堯舜成周之世者其異如此世儒止知伏羲則河圖以作易而其所以言河圖者又皆淺陋疏略如呂章龐龜甲拆文之說正坐讀書不多而輕用億見以質言尚古之事云耳然則六經

大義爲漢說所蔽者當不止此學者廣其心
胸高其眼孔可也　巢燧倉頡黃帝以來此
瑞疊見其略已錄於前

路史有巢氏紀云龜龍効圖書鼻於是文成而天下治註引易春秋說題辭孔安國云云皆與易註疏同又引名畫記云聖人受命則有龜字効靈龍圖呈寶巢燧以來皆有之迹映乎瑤鈐事傳乎金冊及宛戲發於榮河而典籍圖畫萌矣又鄭玄六藝論云河圖洛書皆天神語言以告王者大戴禮載孔子之言曰易姓而王封太山禪梁父昭姓考瑞者七十餘君管仲告桓公曰古之封

禪者七十有二家夷吾所識者十有二自無懷氏至周
成王悉數之云皆受命然後得封禪也路史引此二說
證封禪為王者易姓受命告天之禮其論甚詳
河圖玉版云倉頡為帝南巡狩登陽虛之山臨於玄扈
洛汭之水靈龜負書丹甲青文以授帝羅泌路史書云
受河圖綠字於是窮天地之變仰觀奎星俯察龜文而
制文字云云
考倉頡在伏羲之前已授河圖如此然則河
圖不止出於伏羲之世而其所謂圖者恐亦
不止如近世儒者所言龜甲拆文之說矣

河圖云黃帝坐於玄扈之閣與大司馬容光等臨觀有鳳銜圖置于帝前黃帝為匣署曰黃帝詔司命集帝行録開之其文可曉

觀此則古聖王受命之符不止於龍圖龜字盖亦有鳳圖矣孔子曰鳳鳥不至河不出圖吾已矣夫此其志何如而世儒不知也惜哉

順渠子曰吾於古人有四恨焉孔子曾見老子而孟子不得見莊子此一恨也孟子得見子思而荀卿不及見孟子又從而非之此二恨也楊子雲與鄭子真嚴君平同時同處且深知二人之賢而不能相隨以隱此三恨

也二程親見康節而不能傳其先天之學此四恨也宇宙間有此四大欠事而古今人皆未嘗說破若以為當然者然斯又恨外之一端也

左傳僖六年冬蔡穆侯將許僖公以見楚子於武城杜氏註云楚子退舍武城猶有忿志而諸侯各罷兵故蔡將許君歸楚武城楚地在南陽宛縣北

按此武城之見於春秋者一也

襄十九年魯穆叔會范宣子歸曰齊猶未也不可以不懼乃城武城經書城武城杜註云泰山南武城縣

按此武城之見於春秋者二也

傳成十六年楚子自武城使公子成求成于鄭鄭子駟
與楚子盟于武城杜氏無註當攷正義盖即宛縣北之
武城也
按此武城之見於春秋者三也
昭二十三年邾人城翼還欲自武城循山而南武城人
塞其前云云杜無註盖即泰山南之武城也
按此武城之見於春秋者四也

附録

明故吏部右侍郎王公神道碑銘

吏部侍郎王公諱道字純甫山東武城人也公之行義

平於鄉而聞望重於當世備矣昔在正德辛未之歲舉進士選入中秘時山東寇亂欲奉祖母辟地江南上疏乞補學職詞極懇切得應天學教授居應天學二載陞南京儀部主事召改吏部驗封歷考功文選中更憂制前後在吏部十年雅操端潔太學士西樵方公上言王某學行純正識度宏遠可備宮僚勸講之職乃擢春坊左諭德公引疾固辭曰　朝廷以名器為重不輕假人以不次之官而人臣惟義分是安當致謹於非分之獲伏望收回成命使大臣加薦雖不得經明行修之士猶不失安分知恥之人於是得　旨免以病歸公雖去而

名儒高士大夫日跂其復用居一載起爲南京國子祭酒未幾又以疾乞歸自是一意家居屏迹城府讀書講學種樹灌園以自適蓋不通仕籍者十有三年而當是時自公卿以至臺諫薦疏日至嘉靖丙午起爲南京太常卿未至遷南京户部侍郎尋改禮侍召掌北雍履任三月改吏部右侍郎然僅閲月公已屬疾遂不起矣公貌厚而氣温學篤而志遠始也馳騁詞翰既而歎曰此無益也乃遂研精於義理之學取先儒程朱書讀之既又取論語一部反覆者凡有半年曰聖門平實簡易之學固如是也公雖潛心理學而見世之立門户相標

故者則深耻之嘗言漢以前無名道學者其人品如張
文成曹相國黄叔度管幼安皆真道學之流雖老釋二
氏亦各有所見不可厚非凡其言議不随時為向故能
表見輩流大自樹立不為利害所動進退從容累遷銓
曹兩任國子執法端教表率人才期於俗變風美入官
雖久自奉如寒素是以君子察其行而考其言推其用
心而需其柄用以福生民利 國家而天不憖遺遽云
歿嗚呼夫豈斯人之不幸哉公所著書有大學億老子
億易書詩春秋等億諸史論斷大學衍義論斷批點六
子書及韓柳歐蘇文若干卷公於書無所不讀精擇強

記妙契疾書且其所論著義理深到剖決明當自陰陽律
曆醫卜農桑刑名地志之類靡不通貫曉悉焉曾祖諱
復禮祖諱綸考諱璘贈吏部郎中配李氏生公公生成
化丁未享年六十有一卒嘉靖丁未七月二十一日訃
聞　詔賜祭葬如例元配李氏封宜人繼張氏子男三
人長紉康舉于鄉次紉廣紉度女適曹佩姪子承乏吏
部以侍郎掌部事時公為稽勳郎中特越常序奏改公
為文選予以此忤用事者至是紉康以神道之文為請
曰知先人者莫如公然則非余誰宜銘銘曰世毋遷誘
鶩利昏見所可欲若將與性性競取以爭宜有篤焉君子

刻順渠先生文録跋

自聖賢不作而尚同立異之學熾於天下尚同之學如矮人看場取必於其在人而無實得於其在己間有立異者則忘本根立門戶亦不免於呵佛駡祖之譏律之聖賢公之學二氏者皆非也何則理本天下之公而吾之心所以酌乎理為之斷案立言者惟取足於理之可從而自信于心之所獨得則聖學明而群言不能亂立言不特恒必由之武城王順渠先生為一代儒宗海内之士神明蓍龜之每以不及門為歉麒承之茲邑獲幸親炙門墻而覽見其德暉嘗取先生所著老子億大學億諸

書讀之後輯遺文若干篇奏諸梓以廣其傳始知先生之學風契神解融會三教而狹小宋儒不剿舊聞不賅衆聽據吾心之理質往後來真得古先聖賢之學而善用之者也嗚呼子夏之後有荀卿荀卿之後有李斯豈孔門之學誠弊哉敢為異論而不顧荀卿李斯所以禍天下也黄老之書用於漢文足以成一代振古之治梁武尊尚其教徒拾其糟粕則為可鑒覆轍噫善用之說不尚同不立異者也有得於是說者則尚同立異之學廢而先生之書其可傳矣後學見洲尤麒謹跋